コミュニケーションの原点は「氣」にあり！

心や身体、人間関係や組織の“滞り”を解消する

藤平信一

ワニブックス
PLUS新書

はじめに

本書はワニブックス「PLUS」新書による「氣」のシリーズです。本書の内容は、心身統一合氣道という武道に基づいています。

わたしは心身統一合氣道の継承者として、国内外で指導と普及に努めています。心身統一合氣道は「生活のなかの合氣道」と呼ばれ、道場で身につけたことを日常で活かすことこそ稽古とされています。また、心身統一合氣道で伝える「氣」が、あらゆる分野で活用できることから、スポーツ・ビジネス・教育といったさまざまな分野の方々が心身統一合氣道を学んでいます。その教えは世界に広がり、現在、世界24カ国で約3万人が言葉・文化・宗教を越えて学んでいます。

心身統一合氣道は、1974年に合氣道十段である藤平光一《とうへいこういち》によって創見されました。

藤平光一は「山岡鉄舟《やまおかてっしゅう》の教え」を説いた小倉鉄樹《おぐらてつじゅ》師、「合気道の開祖」である植芝盛平《うえしばもりへい》師、そして「心と身体の関係」を説いた中村天風《なかむらてんぷう》師に学び、戦地での体験や厳しい修行によって「氣」を体得しました。さらに、誰もが歩める道にすべく、心身統一合氣道として体系化しました。藤平光一は２０１１年に91歳で逝去し、現在はわたしが心身統一合氣道を継承しています。

本書では、東京大学先端科学技術研究センター教授の西成活裕《にしなりかつひろ》先生との対談を収録しています。

西成先生は「渋滞学」という学問を提唱したことで著名です。渋滞学の研究対象は車や人の渋滞だけに留まらず、現在では世の中のさまざまな滞《とどこお》りを対象としています。また、国や企業との共同研究を通じて、滞りを原因としたさまざまな社会問題の解決にも取り組んでおられます。

今でこそ多くの人が知る渋滞学ですが、西成先生が新しく切り拓かれるまではまったく存在しない学問でした。研究を進めるにあたっての風当たりは強かったと聞きます。

食べていくことさえ難しい時期もあり、節約のためにご友人が持つ店の2階に住まい、洗濯機を風呂がわりにしていたというエピソードもあるほどです。それでも初志を貫いて研究を続けた結果、今日の渋滞学があります。

そんな西成先生は、2016年から心身統一合氣道を熱心に学ばれています。西成先生との対談を通じて、「渋滞学」という新たな観点から、氣の理解を深めることが本書の目的です。

本書は全4章で構成されています。

第1章では「ものごとを深く理解する『相対化』」として、ものごとの見方や取り組む姿勢について、西成先生と対談しています。

第2章では「Kiコミュニケーション」として、心身統一合氣道に基づき、相手の能力を発揮させる氣のコミュニケーションについて解説します。

第3章では「氣の滞りと渋滞」として、渋滞学の考えに基づいて、氣の滞りについて対談しています。

第4章では「生活のなかの氣の滞り」として、日常生活で氣をどのように活用するかを解説します。

なお、わたしは心身統一合氣道の継承者ですから「合気道」全般を語る立場にはありません。本書の内容はすべて心身統一合氣道に基づいています。また、藤平光一はわたしの師匠です。本来であれば敬称を用いるべきですが、本書では読みやすさを考慮し、敬称を省略しています。

心身統一合氣道では、一般的な表記の「気」ではなく「氣」を用います。使い分けによる混乱を防ぐために、本書では「氣」の文字で表記を統一しています。

「氣」は、特別な人だけが持つ特別な力ではありません。誰もが持っていて、誰もが活用できるものです。本書が少しでもみなさんのお役に立てば幸いです。

２０１９年10月

心身統一合氣道会 会長　藤平信一

もくじ

第2章　Kiコミュニケーション

第1章
対談①

ものごとを深く理解する「相対化」

西成活裕

にしなり・かつひろ
東京大学先端科学技術研究センター教授

1967年東京都生まれ。東京大学大学院工学系研究科博士課程修了、博士（工学）の学位を取得。その後、山形大、龍谷大、ドイツのケルン大学理論物理学研究所を経て、現在は東京大学先端科学技術研究センター教授。日本国際ムダどり学会会長、ムジコロジー研究所所長などを併任。専門は数理物理学。さまざまな渋滞を分野横断的に研究する「渋滞学」を提唱し、著書『渋滞学』（新潮選書）は講談社科学出版賞などを受賞。2010年内閣府イノベーション国際共同研究座長、文部科学省「科学技術への顕著な貢献2013」に選出、東京オリンピック組織委員会アドバイザーに就任。日経新聞「あすへの話題」連載、日本テレビ『世界一受けたい授業』に多数回出演するなど、多くのテレビ、ラジオ、新聞などのメディアでも活躍している。趣味はオペラを歌うこと、心身統一合氣道の稽古。

英語を学ぶなら、ドイツ語も学ぶと良い

藤平信一（以下、藤平）　西成先生は「渋滞学」という学問を確立されました。そこに至るまでには10年以上の年月を研究に費やしたと聞いております。渋滞学という名称も、西成先生が独自に命名されたものだそうですね。

西成活裕（以下、西成）　そうです。現在もまだ研究は続いていて、道路の渋滞はもちろん、世の中で起こるさまざまな渋滞について、国や企業と共同研究しています。

藤平　西成先生のご専門である「渋滞」については、のちほど詳しくお話をお聞きしたいと思います。まずはその土台となるところからおたずねさせてください。どうぞ、よろしくお願いします。

西成　こちらこそ、よろしくお願いします。

藤平　先日、西成先生と日頃一緒に稽古されている三宅義和《みやけよしかず》さん（株式会社イーオン代表取締役社長）との対談記事を拝読しました。

西成　ありがとうございます。

藤平　たいへん興味深い内容で、わたしがいちばん驚いたのが、西成先生の語学の学習法でした。「英語をできるようになりたいならば、ドイツ語を勉強するのが良い」といわれていましたね。

西成　たしかにいいました（笑）。大学でも、学生たちにそのように指導しています。

藤平　英語も十分にできていないのに、「ドイツ語もやると良い」といわれたら、学生たちは戸惑いませんか？

西成　ええ、最初は、みな目が点になります。でも、これはわたしの実体験なのです。ドイツにあるケルン大学理論物理学研究所に留学する機会があり、約1年間、日常的にドイツ語で話さなければいけない環境で過ごしたことがあるのです。そうしたら、不思議なことに、英語がペラペラになったのですよ。

藤平　自然にできるようになった、ということですか？

西成　はい。勉強していたのはドイツ語だったのに、なぜか夢まで英語でみるようになりました。「どうしてだろう？」と考えて、たどり着いた理由はドイツ語の難解さです。学んだことのある方はご存知でしょうが、ドイツ語はとてつもなく複雑で、難しい言語です。たとえば、英語の定冠詞〈the〉に相当するものが、ドイツ語では16通りもあって、後ろに続く言葉によって変化します。他にも複雑なルールがあって、知らない単語を辞書で引くにも、英語のようにスムーズにはいきません。そういう言語を学んでいると、英語がものすごく簡単に思えてくる。それで、自分でも氣がつかないうちに「英語なんて誰でも話せるじゃないか」という感覚になっていたのです。

藤平　ドイツ語というのは、そんなに難しいのですか。

西成　ええ。ですから勉強していると「こっちは16通りもあるんだぞ！」と思うわけです。それで英語力がみるみる伸びました。もちろん、ドイツ語が言語として英語に近いことも影響していたとは思いますが、このように別の言語を学ぶことは、英語の習得に有効な手段になるのです。

藤平　英語だけを学んでいてはみえないところがある、ともいえますね。

西成　そういうことです。

藤平　一つのことを深く理解するうえで、さまざまな角度から違う視点を取り入れる。これは、語学の習得以外にも共通することではないでしょうか。

西成　そう思います。内部にいるとみえないものが、外部からはよくみえるというのも、その一例ですね。わたしは企業のコンサルタントもしているのですが、そちらの分野にも「問題は中にあり、解決策は外にある」という言葉があります。

藤平　ああ、なるほど。

西成　内部にいると、解決策がまるでみえない。ところが、外部にいると「どうして、こんな当たり前なことに氣がつかないのだろう」と思うほど、いとも簡単に解決策がみえる。そういうことがよくあります。

藤平　たしかに、そうですね。

西成　ですから、わたしは、新しいことに取り組むときには内側に深く入りこむ一方で、いったん外側に出て眺め直すことを心がけています。少し難しい言葉を使えば「相対化する」ということです。

藤平　英語の習得も、ドイツ語を学ぶことで「相対化」されたのですね。それで、難しく感じていたものが自然に簡単に感じるようになった。

西成　そうですね。

「ぐるぐる回りながら頂上まで登ってみせます」

藤平　「相対化する」という考え方は、西成先生の研究に対する基本姿勢に直結しているのではありませんか？　渋滞という社会問題を数学という視点で定義したことも、わたしにはその一例のようにみえます。アリの行列を渋滞という視点で研究して、論文を書かれたこともそうです。たいへん失礼ながら、西成先生と出会って、わたしの持っていた「学者」のイメージはかなり変わりました（笑）。

西成　たしかに、そんなことを考える学者は、世界中探してもほとんどいないかもしれませんね（笑）。

藤平　ちなみに「アリを研究してみよう」と思いつかれたきっかけは何だったのでしょう。地面をみていて、突然ひらめいたのですか？

西成　そもそもの発端は、子ども時代の体験です。アリをみるのが好きで、よく観察していました。アリは、いつでもどこでも一列になって歩いていますよね。それが不思議で仕方がなかった。「どうしていつも一列なのだろう」「どうして二列にはならないのだろう」と子どもながらに考えて、ある夜、眠れなくなったことを覚えています。

藤平 ものすごい好奇心ですね。

西成 目にみえる線が引いてあるわけでもないのに、いつも一列。それで、行列の途中に石を置いて、行列を遮ってみたりして、彼らがどうするかをじっとみていました。それでも一列に戻ってしまうわけですが、どう考えても理由がわからなかった。まあ、そういう実験のような遊びをする少年だったのです。

藤平 そうしたルーツがあったのですね。

西成 ええ。その後、大人になってから、渋滞を研究するようになりました。最初は車の流れや人の流れを検証していたのですが、あるとき、その様子がアリと同じようにみえたのです。少年時代の原体験が影響していたのでしょうね。それで「そういえばアリの行列は渋滞するのだろうか」という発想が浮かんだのです。

藤平 ああ、なるほど。渋滞を研究する際に、幼少期の体験という異なる視点があったから思い浮かんだということですか。それも、やはり相対化ですね。

西成 そう思います。とにかく好奇心旺盛な子どもだったのですよ。「宇宙はどうなっているのだろう」という考えに夢中になって、一晩中屋根の上で空を見上げていたこともあります。このときは急にいなくなったので、捜索願いを出されそうになりました。

藤平　親御さんは、さぞ心配されたことでしょう。

西成　ええ、まわりは大騒ぎでした。でも、わたしとしては純粋に「宇宙に少しでも近いところにいこう」という思いだけだったのです。それで屋根に登って「あの先には何があるんだろう」と空に目を凝らしたり、「あそこにもっと近づく方法はないだろうか」と考えたりしていました。かなり変わった子どもでしたね。

藤平　興味のあるものは何でも追求していくタイプだったのでしょうね。そういう子は、まわりから「将来は何になりたいの？」と聞かれるのではないですか。

西成　たしかに、よく聞かれましたよ。いつも「決めたくない」と答えていました。

藤平　決めたくない？

西成　はい。興味のおもむくまま、いろんなことをやりたかったのです。だから一つに決めたくなかった。その氣持ちは大学に入ってからも変わらず、学科の単位とはまるで関係のない授業をたくさん受講しました。そうしたら、あるとき、指導教員だった教授に「絶対、君は人生に失敗するぞ」といわれたのです。

藤平　どうしてですか。

西成　その教授がいいたかったのは「誰もが自分の進むべき分野を決めて、その道をまっすぐ進んでいる」ということでした。山登りでいえば、みんな登山ルートを決めてから登っている。ところが、わたしは登山ルートを決めようとしない。それで「君は山のまわりをぐるぐる回っているだけだ。そんなやり方では、絶対に頂上にはたどり着けない」といわれました。それで、わたしは「わかりました。自分はぐるぐる回りながら頂上まで登ってみせます」と反論したのです（笑）。

藤平　その姿勢を現在も貫いておられるわけですね。

西成　そうです。あらゆるルートを回り道しながら、頂上を目指す。「急がば回れ」の実践だと思っています。しかも、このやり方のほうがより高いところにいける。昔から、そういう感覚を持っているのです。

寄り道したからこそ浮かび上がってくることがある

藤平　わたしは大学で、バイオサイエンスを専攻しました。近年では大学・大学院の一貫教育の導入やリベラル・アーツの充実など、さまざまな改革が進んでいるそうですが、当時はまだそういう時代ではなかったと思います。専門性の高い研究をする人は、狭い範囲を突き詰めていくのが当たり前で、わたしにとって大学は「狭く」「深く」学ぶところという認識だったのです。ですから、西成先生と最初にお会いしたときの衝撃といったら、それは大変なものでした。

西成　わたしは学者としては例外的ですから。

藤平　ははは（笑）。

西成　たしかに、専門性の高い研究をすることは、大学が存在する目的の一つです。そのため、深掘りしようとして研究対象がどんどん狭くなってしまうということはどうしても起こります。やがて「○○について理解しているのは、自分を含めて世界で三人くらいだ」みたいなことになるのですが、これが学者にとっては「快感」なのです。

藤平　どうしてですか。

西成　「世界で三人しか知らないこと」をやっているのが嬉しいのでしょう。しかし、わたしは「世界で三人しか理解できないことを研究して、どれだけの意味があるのだろう？」と思うのです。

藤平　手厳しいですね（笑）。

西成　もちろん、意味はあります。まったく意味がないとはいいません。でも、そんな調子で、狭いほう、狭いほうへと突き進んでいくだけでは、単なる自己満足になるのではないかと思うのです。

藤平　それよりも、多くの人が抱える問題を解決するような研究を、ということですね。その思いは学生のころから持っておられたのですか。

西成　そうですね。大学生のとき、受けた数学の授業で「これを理解できるのは世界で五人くらいだ」と教壇に立つ先生が誇らしげにいったのです。学生ながら「だから何なんだ！」と強烈に思ったことを覚えています。

藤平　それで思い出しましたが、わたしの数学の先生は「この授業で教えていることは、社会に出たら何の役にも立ちません」とおっしゃっていました（笑）。

西成　開き直ってしまったケースですね（笑）。数学は生活に役立つ学問です。しかし、「狭くやっていこう」とすると、役立たなくなるのでしょう。だからこそ、わたしは「相対化する」ことを常に心がけているのです。

藤平　わたしの本業である心身統一合氣道でも同じです。

　先代の藤平光一は心身統一合氣道を「生活のなかの合氣道」と定義し、「道場で会得したことを日常で実践することこそ稽古である」と説きました。この教えに共鳴して、西成先生のように、さまざまな分野の方がわたしたちの道場で学んでおられます。ですから、学ぶ人の数だけ活用の仕方がある。この対談のように、みなさんがどのように活用しておられるのかをお聞きすると、わたし自身の理解がさらに深まっていくのです。

西成　なるほど。それこそ、相対化ですね。心身統一合氣道の道場には、わたしのような学者もいれば、経営者やビジネスパーソン、技術者、医者、教育従事者、アスリートやアーティストの方も来られているでしょう。さらに年齢や性別も関係なく、実に多様です。そういったコミュニティは、相対化において最高の環境だと思います。

藤平　ありがとうございます。

西成　他方で、学んでいるわたしたちの立場からみると、それだけ多様な人々を教えられるということ自体、すごいことだなと思います。

藤平　それは、心身統一合氣道で教える「氣（Ki）」が、すべてに通じるからだと思います。氣の重要性は、あらゆる人に共通したものです。年齢や性別、職業はまるで関係ありませんから。

西成　たしかに、そうですね。渋滞学の研究も同じです。わたしには、車も人も、水の流れ、タンパク質、さらにはアリさえも、すべて同じようにみえるという感覚があります。多種多様なものをみればみるほど、本質的な部分が浮かび上がってくる。まさに「みえてくる」という感じです。

藤平　その感覚はよくわかります。

西成　氣というものが今、これだけ幅広い分野で活用されているのは、本当に素晴らしいことだと思います。これも藤平会長の取り組みによるものでしょう。

藤平　過分なお言葉をありがとうございます。ただ、実際のところ、わたしも氣を理解するために、相当な回り道をしながら進んできましたので……。

西成　どういうことですか？

藤平　わたしは氣というものを、実践・検証もなく、無条件に受け入れることができなかったのです。これでも理系の端くれですから（笑）。

西成　なるほど。

藤平　ですから、まずは「氣がある」と仮定したうえで、それを実践し、結果を検証する必要がありました。これを無数に繰り返すことで、初めて「氣は実在する」という確信を持つことができたのです。そのために、道場での稽古はもちろんのこと、日常においてもさまざまなことに氣を活用してきたのです。

西成　ああ！　だから、藤平会長の解説は腑《ふ》に落ちるのですね。氣は感じとるものだと思いますが、わたしのような初心者には、なかなか理解できません。こうみえても学者なので、つい理屈で考えてしまうところもあります。でも、先生は、目にみえない氣を、実例に基づいて平易な言葉で説明してくださるでしょう。だから、すごくわかりやすいのです。わたしのような者には、なくてはならない存在です。

一つの方向からすべてをみることはできない

藤平　西成先生は、オペラを歌いますね。純粋なご趣味だとお聞きしていますが、もしかすると、それも相対化の一つなのでしょうか。

西成　おっしゃるとおりです。すべてつながっていますね。

藤平　歌に関心を持ったきっかけは何でしょうか。

西成　自分が歌好きであることに氣がついたのは、大学一年のときです。30年以上前ですから、カラオケボックスのような便利なものは、まだほとんどありません。テーブルごとにリクエストを出して、自分の番になるとステージに立ってみんなの前で歌うというスタイルでした。たしかサザンオールスターズの曲を選んで、氣分良く歌っていたら、お店にいた全員がシーンとなったのです。

藤平　はい。

西成　どうしたのだろうと思ったら、感心してくれていたのです。生まれて初めて「歌が上手《うま》い」と口々にいわれました。それで「もしかしたら才能があるのかな？」と、その氣になって勉強することにしたのです。大中恩《おおなかめぐみ》さん（注：童謡「犬のおまわりさん」、「サッちゃん」などの作曲者として知られる）がやっておられた合唱団があると聞いたので、そこに入りました。

藤平　それ以来、歌のトレーニングを続けていらっしゃるということですね。

西成　ええ。今は、オペラのレッスンを2週間に一回くらいのペースで受けています。

藤平　本格的ですね。

西成　ちなみに、その合唱団でソプラノをやっていた女性と結婚しました。

藤平　なるほど、すべてがつながりますね（笑）。

西成　そうですね（笑）。趣味でやっていた歌が縁での結婚ですから、回り道のようなことでも結局はつながっていくという一例かもしれません。心身統一合氣道の稽古も、わたしにとってはそうしたことの一つです。藤平会長が日頃おっしゃっていることと、オペラの先生がいわれることがとても近いのです。

藤平　そうなのですか。

西成　たとえば、オペラのレッスンでは「高い声を出したければ、下げなさい」というアドバイスをされることがあります。普通は逆になってしまうのです。つまり、高い声を出そうとすると、つい意識が上がってしまう。でも、本当はそうではないのです。心身統一合氣道でいう「臍下《せいか》の一点《いってん》」（注：下腹にある力の入らない無限小の一点。臍下の一点に心を静めることで、持っている力が発揮される）の教えとつながっているな、と驚いています。

藤平　西成先生は『逆説の法則』（新潮選書、2017年刊）という本を書かれていますが、今の例はまさにそれですね。「高い声を出したければ下げなさい」というのが逆説であれば、心身統一合氣道でいう「力を発揮したければ力を抜きなさい」もまた逆説です。いわゆる「常識」を疑い、その逆側にある真をみつける。西成先生は、常にこの「逆説」の視点を大事にされているのではないですか。

西成　そうですね。子どものころからそういうところがあって、天《あま》の邪鬼《じゃく》だと思われていました。誰かが「みんなであちらにいこう」といえば「じゃあ、わたしはこちらにいくよ」というタイプだったのです。悪意があるわけではなくて、みんなが「あっち」なら、逆に「こっち」にこそ何かがありそうだと思うのですよ。しかも、誰もいかないなら、すいている。自分だけでいけるでしょう（笑）。

藤平　なるほど（笑）。

西成　大学時代はラグビー部に所属していたのですが、ラグビーも逆を考えるのが有利です。ボールが投げられると、みんながそちらに向かうから、空いているスペースに走り込めばいい。万事そんな調子で、あらゆることについて「逆を考える」のは強みだと思っていました。そういえば、童話の『ウサギとカメ』も大好きでしたね。ゆっくりいくことで最終的には勝つ。そういう思想の影響を強く受けていたのかもしれません。

藤平　お話をうかがっていると、「相対化」と「逆説」はワンセットにみえますね。

西成　そうですね。相対的にみていると、「急ぐ」「近道をする」「全員がいく方向を目指す」といった常識に穴があるのがわかる。そんな感じでしょうか。

藤平　相対化することによって、逆説の法則に氣づけるのですね。

西成　まさにそうです。いろいろなことをやっていくうちに、まわりが広くみえるようになるイメージですね。わたし自身、登山ルートを決めず、いろんなことをやりながら生きてきたのですが、ここに来て「すべてが焦点を結びはじめている」という感覚が強くなっています。「本質に近づいている」といってもいい。そういう実感があるのです。

藤平　先代の藤平光一は「どんなものでも、一つの方向から総《すべ》てをみることはできない」と説きました。あるとき、先代が本の表紙をわたしにみせて「そちら側から裏表紙がみえるか」と冗談っぽくたずねたことがあります。表紙がこちら側を向いているのですから、もちろんみえるはずがありません。どれだけ視力が良くても、どれだけ理解力があってもそれは同じです。全体像をつかむためには、一方向の視点だけでは足りない。いくつかの方向からの視点が絶対に必要だからです。そして、そのことを理解すればこそ「そちらからは、どうみえますか?」と他の人の視点を確認する謙虚さも生まれます。当たり前のことなのですが、その当たり前をわたしたちは忘れている。これは、心身統一合氣道を身につけるうえで、もっとも大切な教えの一つなのです。

西成　同感です。わたしは、大学の研究室の学生たちに「新しい分野を勉強するときは、必ず二冊以上の教科書を読むようにしなさい」と指導しています。できれば主張や意見の異なる本が良い。そういったものを複数冊読むのがベストです。

藤平　単純に考えれば、一つの視点から集中的に勉強するほうが学習効率は良さそうですね。

西成　それではダメなのです。なぜなら研究者にとって、批判的な視点は欠かせないからです。たとえば、わたしが今、研究しているテーマの一つに「利他主義」があります。利他、つまり、他の人の利益のためにする行動ですね。この研究をはじめる際、わたしが最初に読んだのは「利己主義こそが一番である」と主張する本でした。

藤平　まさに正反対、向こう側からの視点ですね。

西成　そうです。その本は「利己主義を徹底的に突き詰めていけば、結果的に世界は良くなる」という考え方に基づいたものでした。これをしっかり読み込んだうえで、「何が違うのかを考えよう」というわけです。回り道にみえるかもしれませんが、実は、このほうがはるかに勉強になる。実際、その本のおかげで、利他主義の輪郭を知ることができたのです。

藤平　どういうことですか。

西成　利他主義と利己主義、まるで正反対の考え方に思えます。ところが、その根っこは同じだということが、「利己主義こそが素晴らしい。利他主義はダメだ」と主張する本を読み込むことでわかったのです。たとえば「他人に優しくしてあげたら、あとで見返りがもらえた」としましょう。その「他人に優しくした」という行為をどう解釈しますか？　自分以外の人に優しくしたのだから「利他」とみる人もいるでしょう。でも、見返りを期待する氣持ちが少しでもあったら、それは計算ずくの行動で「利己」だとする人もいる。利己か利他かは解釈の違いに過ぎず、本質は同じだったのです。

藤平　そういうことなのですね。

西成　利他主義の素晴らしさを説く本だけを読んでいたら、こうした知見は得にくいと思います。まったく逆の視点を学ぶからこそわかる。幅が広がるのです。

違う穴を掘る

藤平　わたしも大学の非常勤講師として20年近く学生を指導しています。最近の学生たちをみていると、むしろ、相対化とは逆の方向に進んでいるのではないかと感じています。インターネットによって誰もが簡単に情報を得られるようになったのは良いのですが、結果として、自分に関心のある情報だけを選んでしまう学生が増えているような氣がしているのです。西成先生はどうお感じですか？

西成　残念ながら、おっしゃるとおりだと思います。大学教育の目的の一つに「専門家を育てる」ことがあります。これはもちろん大切なことなのですが、その結果「隣の研究室が、何を研究しているのかわからない」という状況を生んでしまいました。研究者は、ただひたすらに自分のことだけをやっている。その方法で素晴らしい成果を出せることもあるかもしれません。でも、それにはわたしは懐疑的です。なぜなら、解決すべき新しい課題のほとんどは、研究室の外にあるからです。若いころから研究室にこもり、狭い世界だけをみていたら、いつまで経っても教授より先には進めません。

藤平　なるほど。

西成　研究者として独り立ちするためには、指導してくれる教授が掘った穴とは違う穴をみつけるしかない。同じところをずっと掘り進めていても、そこに幸せはありません。教授より先に進むことはできないのです。研究者を続けていくためには、教授とは違うところに出なくてはいけない。まあ、指導する立場からいいますと、最初からいきなり自分と違う、研究室の外のことばかりやられたら、イラッとしますが（笑）。

藤平　それは、そうでしょうね（笑）。

西成　ですから、研究室に入ったら、まずはわたしの掘ってきた穴を掘ってもらう。これは、従来の研究を深めるのと同時に、掘り方を覚えてもらう訓練でもあります。訓練を積み、穴の掘り方がわかったら、それぞれ他のところを探して掘ってほしい。「オレを超えろ」というわけです。これをしないと、次の世代は育たないと思っています。

藤平　わたしも同じ考えです。次の世代の指導者を育成するときは、当然ながら、まずは道場で心身統一合氣道をしっかり稽古し、そこで会得したことを日常に活かすことを徹底します。それによって、地に足の着いた理解を得てもらうためです。そして、指導の現場を持つようになったら、世の中を広くみて、どうすれば心身統一合氣道が役に立つかをそれぞれが探索するように導いています。

西成　そうなのですか。

藤平　「心身統一合氣道」という教えそのものは普遍であり、不変です。しかし、その伝え方は、時代によって、相手によって、常に変化していくものです。「不易流行」という言葉通り、常に変わらないもの、常に変わっていくものがあります。そこを見極めずに、ただ闇雲に「守る」姿勢だけでいたら、やがては世の中から乖離《かいり》してしまう。不変なものを伝え続けるためには、イノベーションが不可欠だと考えているのです。

西成　なるほど。

藤平　イノベーションの出発点は、既存の「知」と新たな「知」の出会いです。そこで得た発想を、繰り返し実践・検証して、新たな発見を得る。上手くいくときもあれば、上手くいかないときもあります。しかし、そういうリスクを取るからこそ、伝え方も磨かれていくのだと思っているのです。

西成　ロサンゼルス・ドジャースでの指導などは、まさにイノベーションですね。普通、その組み合わせは思いつかないでしょうから。

藤平　野球、それもアメリカのＭＬＢという違う分野でしたが、３年間しっかり取り組んだことで、本当に多くの発見がありました。新たな指導対象を得たというだけに留まらず、それは日々の稽古や他の指導対象への伝え方にも活かされています。

西成　メジャーリーグ以外にも、さまざまな分野にチャレンジなさっておられますね。

藤平　はい。とくに次の世代の指導者には、西成先生のお言葉をお借りすれば、わたしが掘った穴とは違う穴を掘るように導いています。たとえば、ある指導者は1年ほど前から幼児の指導について模索しています。2歳から3歳くらいのお子さんたちです。

西成　それは難しそうですね。理屈がまったく通じない年齢でしょう。

藤平　ええ。キャリアのある指導者ですが、未知の世界に、最初は頭を抱えていました。幼児たちは、氣が向くことはやりますが、氣の向かないことはまったくやりません。一応、託児所ではなく道場ですから、ただあやすだけというわけにもいかない。なんとか稽古として成立させたいところですが、そういう「欲」が少しでもあると、まるでいうことを聞いてもらえません。幼児に見透かされてしまうのです。

西成　その後、どうなりましたか。

藤平　少しずつではありますが、子どもたちは確実に成長しています。たとえば、あいさつがしっかりできるようになった、人の話を聞けるようになった、静かに座っていられるようになった、という成果が出ている。親御さんも一緒に参加するクラスなので、子どもたちの変化を直《じか》にみていただけるのも良いところです。

この指導者は、幼児の指導を通じて「相手の立場に立つ」ことがいかに重要か、身に染みたそうです。「自分の立場で伝えてしまったら絶対に伝わらない。そのことがよくわかりました」と話していました。

西成　（「心身統一合氣道の五原則」の書をみて）なるほど、苦労するだけ苦労して、心身統一合氣道の基本に立ち返ったわけですね。それこそ本物の理解でしょうし、違うところを掘ったことで得られたものでしょうね。

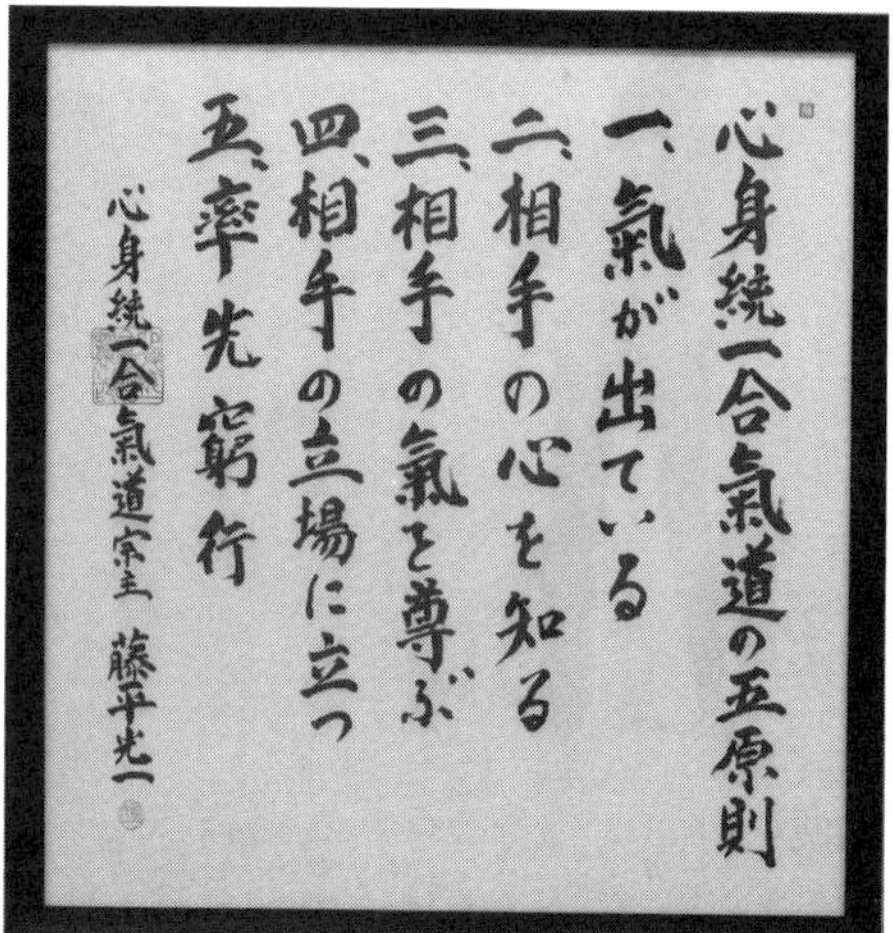
心身統一合氣道の五原則
一、氣が出ている
二、相手の心を知る
三、相手の氣を尊ぶ
四、相手の立場に立つ
五、率先窮行
心身統一合氣道宗主　藤平光一

「伝える」ことで、自分の理解度を確認できる

西成　「伝える」という観点でいえば、わたしは学生にプレゼンテーションの指導をすることがあるのです。プレゼンの良し悪しは、発表する内容がどれだけ相手に伝わるかで決まるでしょう。逆にいえば、どんなに優れた研究であっても、誰にも理解できなかったら意味を成しません。つまり「いかにわかりやすく説明するか」がカギなのです。当たり前のことなのですが、誰もがわかっているようで、なかなかこれができない。そのことを伝えるために、中学生を相手にプレゼンをしてもらったのです。学生たちに「君たちが今、取り組んでいる最先端の研究を、中学生である彼らがわかるように伝えなさい」という課題を出した。

藤平　それは面白い試みですね。

西成　集められた中学生に、もちろん専門知識はありません。いつもの調子で説明してもポカーンとなってしまうでしょう。プレゼンを成立させるためには工夫が必要です。自分の研究のどの部分を、どのように説明したらわかってもらえるかを徹底的に考えな

くてはいけない。

藤平　初めから上手くできるものですか？

西成　半分以上の学生はできません。

藤平　そうなのですね。

西成　当然、レベルはある程度落とさなくてはいけません。その代わり、研究の本質だけはきちんと伝える。ここで有効なのは、具体例や例え話です。難しい部分や専門用語は大胆に省いて、「要するに、こういうことなんです」と、中学生でも知っている「何か」に落とし込んで話せばいい。いうのは簡単ですが、自分の研究に対する理解がよほど深くないとできません。研究の本質をきちんと理解しているからこそできることなのです。

藤平　なるほど。狭い世界だけを掘っていては、できないともいえますね。

西成　そのとおりです。このプレゼン指導は「自分がしていることを、他人にわかりやすく説明できるか」を確認する機会でもあるのです。これは研究者にとって非常に大事なことだと考えています。

藤平　プレゼンを通して、自分自身の理解の深さや広さを客観的に知ることができるのですね。

西成　そうです。このプレゼンが上手くできるのは、自分のやっている研究を広い視点でとらえられている人です。似た現象はないか、違う解釈はできないか、と普段から考えているタイプの人は「要するに、こういうことだよ」という一言がスッと出てくる。それがあれば、どんなに専門的な研究でも、中学生にも伝わるのです。

藤平　そのお話で思い出しました。西成先生が出された数学本（『東大の先生！　文系の私に超わかりやすく数学を教えてください！』（かんき出版、２０１９年刊）を読ませていただきましたが、本当にわかりやすいですね。

西成　ありがとうございます。なにしろ「中学3年間で学ぶ数学」がテーマの本ですから、そんなには売れないかなと思っていたのです。ところが、予想外の大好評。自分でも驚いています。

藤平　この本は、高校で学ぶ微分・積分まで扱っていますね。

西成　ええ。今のお話にもつながりますが、実は微積分には、わたしにしかできない鉄板の解説があるのです。「髪の毛の長さを測る」という設定でお話しするのですが、最初に「わたしにはないので、誰か貸してください」というところからはじめます（注：西成先生はスキンヘッド）。ここで笑いをとるのは、普通の人には真似できないでしょう（笑）。

藤平　なるほど「鉄板」ですね（笑）。

　先代、藤平光一の言葉なのでご容赦いただきたいのですが「学者とは、易しいことを難しく語る仕事だ」と、よくいっていたのです。この部分だけ切り取ると、完全に悪口なのですが……。

西成　ははは（笑）。でも9割がた真実かもしれません。

藤平　ただ、これには続きがあるのです。「本当にわかっている学者は、難しいことを易しく伝える」といっていました。

西成　それは、間違いありません。

藤平　内弟子をしていた当時のわたしに、藤平光一は「理系か何か知らないが、お前は難しい言葉ばかり使う。相手がわかるように伝えなければ意味がない」と厳しく指導しました。

西成　それは、大切な教えですね。物理学の世界にも、同じような言葉があります。大学生のとき、先生から聞いた言葉ですが「本当に重要な結論は、ハガキ1枚におさめることができる」というものです。実際、長くて、難しい理論はだいたいゴミ箱行きです。大したことのない成果ほど長くなる。素晴らしい理論は短いものなのです。

藤平　ハガキ1枚！

西成　そうです。ハガキ1枚で理論を説明できるか。これは究極ですね。

藤平　若手指導者の一人に、報告をするのにやたらに長いメールを書く者がいます。何がポイントかを理解していれば、もっと簡潔になるのでしょうね。

情報の要点を「短く」凝縮する訓練

西成　そういえば、ちょうど今、ある本の書評を頼まれているのです。それが……60字で書かなくてはいけなくて。

藤平　60字の書評ですか！

西成　ええ。本自体は400ページくらいです。その本に書かれている著者の思いを60字に凝縮して伝えるという課題で、トレーニングのつもりで取り組んでいます。

藤平　極限まで削ぎ落とさなければいけませんね。

西成　はい。本はすでに読み終えたので、書きたいことはたくさんある。締切までまだ1カ月ほどあるので、今は頭のなかにそうした文章を思い浮かべては消し、内容を研ぎ澄ませている状態です。

藤平　西成先生のもとで学ぶ学生さんにも、同じような訓練をさせるのですか？

西成　させています。難しいことをいかに簡潔に説明するかは、研究者にとって大事なことですから。

藤平　そうですよね。

西成　わたし自身の例では、以前、日本経済新聞の夕刊に書かせてもらっていたコラム連載がとても良い訓練になりました。「あすへの話題」というタイトルで週1回700字のコラムを書いていたのですが、これをやっているうちにコツがわかったのです。

藤平　教えていただいても良いですか。

西成　もちろんです。わたしがみつけたやり方は、最初に3000字のコラムを書くことです。まず3000字の文章を書いてから、それをギュッと圧縮して700字にする。そうすると本質だけが残って、ピリッとした文章になるのです。何度も書いてみて、そう実感しました。

藤平　4倍以上の分量を書くわけですね。「700字のコラム」といわれたら、700字を目指してしまいそうです。

西成　そうですよね。実際、連載開始当初は、少し多めの800字くらい書いてから推《すい》敲《こう》していました。その後、詩人の相田《あいだ》みつをさんをヒントに思いついたのです。

藤平　そうなのですか。

西成　ええ。わたしは相田みつをさんの作品が大好きで、東京駅近くの東京国際フォーラム地下1階にある美術館によくいくのです。あるとき、相田さんの弟さんとお話しする機会があり、有名な言葉の数々が、膨大に書かれた文章の一部を抜き出したものだと聞きました。

藤平　まったく知りませんでした。

西成　相田さんの書の多くは、最初から短かったわけではなく、長く書かれたものの一部なのだそうです。だから凝縮された、素晴らしい文章になっている。弟さんにそう教えていただいて「これだ！」となったわけです。

藤平　インスピレーションで、パッとしたためたものではないのですね。

西成　そうではなく、ものすごく長い文章を凝縮した一部だったのです。だから重いし、深みがある。たいへん納得できました。この発想は、いろいろなところに応用できる気がしています。

藤平　たしかに「決まった枠のなかで何かをする」という発想とは、まるで違ってくるでしょうね。

西成　そう思います。国語のテストで「200字以内で筆者の心情を述べよ」といった問題がよくあるでしょう。受験勉強では、こうした問いを時間内に効率よく解くトレーニングをさせます。でも、あの訓練では、ロクな文章を書けるようにはならないと思うのです。

藤平　ああ、散々やらされました……。

西成　もっと大きく考えて、たくさん書いてから、ギュッと凝縮していく。そういうプロセスを経れば、本当に良いものだけが残ります。この感覚は、実際にやってみれば、誰でも味わえるはずです。この感覚を身につければ、文章だけに留まらず、ものごとに取り組む基本姿勢にもなると思います。

藤平　ということは、先述のメールの長い若手指導者は「たくさん書く」ところまでは必要なことをしているのですね。あとは凝縮すれば良い。

西成　そういうことになりますね。

絞り込む前に、大きく、広くとらえる

藤平　まず、大きくとらえておいてから、伝えるべき本質的な部分を絞っていく。文章についてのこの考え方・プロセスは、西成先生の研究スタイルである「相対化して、本

質をみつける」ことに通じていませんか。

西成　おっしゃるとおりで、同じことだと思います。

藤平　この考え方は、あらゆることに応用できそうです。たとえば、アイデアの発想も同じではないですか。「〇〇を発想しよう」と狭く狙ってしまったら、決して良いアイデアは出ません。

西成　そうですね。前提となるのは、やはり「いろんなことに興味を持つこと」だと思うのです。とにかく、広く、いろいろな世界をみていく。そもそも世の中は「経験しないとわからないこと」だらけでしょう。ところが、日本では、頭で先回りして考えてしまうことが多すぎると思います。自分で実際には経験しないで「どうせこんな感じになるだろう」と結論づけてしまうのです。

藤平　「狭くとらえる」とはそういうことなのですね。

西成　ドイツに留学していたときに知った言葉の一つに「オランダモデル」があります。オランダはドイツのお隣の国ですが、ドイツ人にとってのオランダ人は「考える前に行動してしまう人たち」というイメージなのだそうです。

藤平　頭で考えるより先に、ひとまず試してみる。そういう氣質を持っているということでしょうか。

西成　はい。実際にオランダはすごいのです。わたしの専門分野でいうと、渋滞対策がありますます。世界の都市交通において、渋滞の解消は大きな課題です。世界中の政府や警察、専門家たちが日夜、議論や努力を続けている。そのなかで注目されたポイントの一つに「信号」がありました。たしかに信号が赤にならなければ、車の流れは止まりません。渋滞とは「車の流れが滞《とどこお》る」ことですから、それはたしかにそのとおりです。でも、信号がなかったら交差点が大混乱して、めちゃくちゃになってしまう氣もしますよね。

藤平　普通はそう考えますね。

西成　ところが、オランダは違うのです。首都のアムステルダム市では警察や市、関係者が協力して、本当に信号を切ってしまった。

藤平　完全に切ってしまったのですか!?

西成　はい。最近では2016年5月に、アムステルダム市の中心部アレクサンダープレインという交通量の多い地区で、交差点にある信号のスイッチをすべてオフにしました。「どういうことになるか、実際に試してみようじゃないか」というわけです。

藤平　ずいぶん思い切ったことをしますね。

西成　日本の組織でこんなことを提案したら「何を考えているんだ」「そんなことができるわけないだろう」と一蹴されて終わりでしょう。でも、オランダでは「よし、とりあえずやってみよう！」となるのです。

藤平　恐るべし、オランダ人（笑）。

西成　あれこれ考えるよりも、実際にやってみたほうがはっきりわかるという考え方なのでしょう。そして、本当に信号を止めてみたら、なんと事故が減ったのです。

藤平　すごいですね。

西成　どうやら信号がないことで、車やバイク、自転車の運転が普段よりも慎重になったようです。交差点でもお互いに譲り合うしかなかった。それで、意外なことに、事故はむしろ減ったわけです。ただし、渋滞は少し増えたそうです。

藤平　なるほど。やってみて初めてわかる結果ですね。

西成　はい。これはかなり大きな発見でした。しかも、理論だけでなく、実験した結果ですから説得力もある。この実証実験をきっかけに、世界中で「信号機を減らしたらどうなるか」という研究が盛んになっています。

藤平　オランダが先駆けだったのですね。

西成　そして、ドイツはもっと面白い。彼らは、いつもこんな風にオランダが無茶なことをやるのを隣でみています。そして、上手くいったものだけしっかり取り入れる。

藤平　ははは（笑）。

西成　本当に上手いですよね。ドイツ人の研究者は「新しいものはまずはオランダにやらせて、上手くいったらドイツがもらうんだよ」といっていました。それでも、わたしはオランダの「まず、やってみる」という姿勢に共感します。非常に大事なことではないでしょうか。

藤平　なるほど、「広くとらえる」とはそういうことなのですね。

西成　日本では、こうしたチャレンジのほとんどが会議でつぶされてしまうでしょう。もっとやってみたらいいと思うのです。問題が起きたら、そのとき考えればいい。日本の現場の対応力があれば、かなりのことができるのではないでしょうか。まあ、さすがに東京の信号をオフにするのはマズイですが。

藤平　そういうチャレンジがあるからこそ、革新的なものが生まれるのでしょうね。

西成　従来の論理の延長線上にないものは、こうした飛躍からしか生まれません。日本のように、論理的に詰めていくやり方だけでは、革新的な発想はなかなか出てこない。ゆえに、国でも組織でも多様な人材がいることがもっとも重要だと思っています。そのなかに、稀《まれ》に飛び出す人がいる。だからこそ、発展するのです。

「自分と関係のないもの」はない

藤平　こうしたチャレンジも、広く、長い視野でみれば、相対化ですね。

西成　もちろん、そうです。まるで関係なさそうなことでも、興味を持って取り組んでいけば、どんどん視野が広くなり、やがてはつながり、ものごとの本質に近づける。

とくに若い世代に、このことを伝えたい。中学校や高校で講演をさせていただくときに、わたしが「言葉つなぎゲーム」というものを教えるのは、その一環です。

藤平　どういうものですか。

西成　まず「まったく関係のない言葉を二つ挙げてください」と子どもたちにいいます。たとえば、ペットボトルと車が挙がったとしましょう。たしかに一見すると関係がなさそうな言葉です。次に「この二つの言葉のあいだに三つの言葉をはさんで、意味の通る文章をつくってください」というのです。

藤平　はい。

西成　ペットボトルと車でいえば、ペットボトル↓（は）↓プラスチック↓（でできている。その原料は）↓石油↓（で、そこからは）↓ガソリン↓（もつくられて）↓車（のエネルギーになります）といった感じで、論理的につながった文章になります。

藤平　きれいにつながりますね。

西成　「これをみんなでやりましょう」と呼びかけると、結構、面白がってやってくれます。そして、しばらくやってからが本題です。「このゲームをずっと続けると、どうなるかわかりますか」と聞くのです。

藤平　……（考えている）。

西成　実は、この遊びは、わたしが小学生のころに思いついたものなのです。適当に切った小さな紙に、バラバラな単語を書いて、箱に入れる。これを枕元に置いておき、毎晩紙を引いては遊んでいたのです。以来40年以上、自分でも、学生とも、講演でもやり続けてきました。すると、はっきりわかることがあるのです。

それは「つながらないものはない」ということです。

わたしはこの遊びを通じて「自分とは関係ない」という言葉を使わなくなりました。なぜなら、どれだけ遠そうな言葉でも、いくつか単語をはさむだけで、必ずすべてつながることを知り得たからです。人生において「自分とは関係ないこと」は存在しないのです。

藤平　なるほど、深いお話ですね。「関係ない」という言葉がなくなれば、日常のすべてがつながります。反対に「自分とは関係ない」と思った瞬間、そこで氣は切れてしまいます。

わたしが内弟子として修行時代、藤平光一から「絶対に吐くな」といわれた言葉が三つあります。
一つは「できない」。どうやったらできるかを考えろ、ということです。
一つは「意味ない」。実行してもいないのに頭で判断するな、ということです。
そして、最後の一つが「関係ない」でした。

西成 そうなのですか！

藤平 「『自分には関係ない』とは絶対にいうな。それをいわなければ、みるもの、触れるもの、総てが学びになる」と教えられました。（道場にある先代の写真をみながら）西成先生のお話を通じて、あらためて大事なことを教わったのだと氣づけました。

西成 いやあ、こうしていろいろなことがつながると感動しますね。

すべてはつながっていく

西成 「自分と関係のないもの」は存在しない。これを前提に生きていると、情報も自然に入ってくるので、相対化もしやすくなります。わたしの研究対象がどんどん広がったのは、まさにそのおかげです。渋滞学を研究しているなかで、車の混雑の回避だけでなく、アルツハイマー病の研究（注：「タンパク質の渋滞」という観点から原因を研究）をしたり、企業コンサルタントとして工場の業務改善に関わったり（127ページ参照）するようになったのは、すべて自然につながってのことでした。アリの研究なんて、小学校のときからやっていたことですから。

藤平　分野も、年月も超えて、つながっている。

西成　はい。その点では「言葉つなぎゲーム」もそうです。小学生のときにつくった一人遊びが、40年経ってみたら、講演で欠かせない大切な話題になっている。最初は、本当にただの思いつきだったのです。布団のなかで「犬」と「関数」なんていうまったく関係ない紙を引いて「なんだこりゃ」とクスクス笑いながら遊んでいた。こうした積み重ねで「すべてはつながっているんだ」という確信を持つようになったのです。

藤平　本当につながっているのですね。また、内弟子時代の話を思い出しました。先代の内弟子になったとき「これからは道場での稽古が多くなるだろう」と思っていたのです。ところが、実際は、掃除ばかりの毎日。修行の基本は、師匠にいわれたことを全うすることですから、もちろんそのとおりにしました。でも内心では「掃除をするために内弟子になったわけじゃないのにな」と思っていたのです。

西成　藤平会長にも、そんな時代があったのですか。

藤平　おそらく、それが「氣」で伝わったのでしょう。あるとき藤平光一に呼ばれて「お前は、稽古と関係のないことばかりやらされていると思っているだろう」といわれました。「そんなことはありません」と答えると「嘘をつくな」と（笑）。

西成　お見通しだったのですね（笑）。

藤平　はい。そして「関係ないと思っているから、何も得られないのだ」と厳しくいわれました。それで心機一転して「何の関係があるか見極めてやろう」と、本氣で掃除に取り組むようにしたのです。

西成　どんな変化がありましたか。

藤平　だんだん細かいところまで氣が行き届くようになり、やがて「自分は氣分によって仕事の質に波がある」ということがわかりました。氣が乗っているときは、隅々まできれいにする。でも、そうでないときは実に大雑把。たしかに、この姿勢では身につくものも身につかないなと氣づけたのです。それからは、常に一定の質を保って掃除することを心がけました。先代は、それをみていたのでしょうか。ある程度掃除ができるようになったころから、道場での稽古が増えました。

西成　修行のはじめであったことに、大きな意味があるのでしょうね。最初に、基本となる姿勢を身につけることは、学びにおいてとても大切ですから。

藤平　西成先生が中学校や高校でよく講演をなさっているのも、同じですね。

西成　そうです。子どもたちにこそ伝えたい。去年、東京大学の入学式で、いきなり女子学生に話しかけられたのです。「中学生のときに聞いた先生の講演に感動して、この大学で勉強したいとずっと思っていました。やっとお会いできました！」といわれて、思わずジワッと来ました。数年越しでそんなふうに思ってもらえるなんて、教育に携わる者としてこんなに嬉しいことはありません。

藤平　もっとも多感な時期に、先生の言葉に触れたのでしょうね。

西成　とりわけ若いとき、できれば小さいころからやっていたことというのは、本当に大きい。この歳になってつくづく思います。

ソーシャルダンスで氣がついた、足の運び

藤平　西成先生が心身統一合氣道をはじめられて約3年です。

西成　はい。毎回、新たな発見があって興奮しています。

つい先日、5級（注：大人が最初に取得する級）の技を稽古していたときに、初めて、相手とぶつかることなく技が上手くいって、「氣が通っている状態」を実感できました。本当に感動しましたね。わたしはわりと身体が大きいので、片手交差取り呼吸投げ（注：5級の技）のように、相手と同じ方向を向いて前に進む動きでは、つい相手を力で動かそうとしてしまうのです。そうではなく、相手の進みたい方向を感じ取って、一緒に進んでいく。それができると「相手も自分も氣持ちよく動いているな」という感じがします。基本的なところでは、足を引き寄せるのを忘れてしまうことが目下の課題です。

藤平　その「足を引き寄せる」動作ですが、実は藤平光一が相対化によって体得したものなのです。

西成　どういうことでしょうか。

藤平　ご存知のとおり、一つの動作のあとに足を引き寄せるのは、次の動作に備えるためです。そうすることで、前後左右、自由に動くことができます。心身統一合氣道の稽古では、相手が常に前にいるとは限りません。ですから、四方八方に、瞬時に対応できなければいけない。そのためには、足を広げたままではいけないのです。

西成　一つ一つの動きに、きちんと「理」があるわけですね。

藤平　しかし、藤平光一も若いころはまだ、一つの動作のあとに足を広げたままでいました。1953年に合氣道未開の地に普及するため、単身でアメリカに渡った際に、現地でソーシャルダンスの名人と出会うことになります。誘われて、藤平光一もソーシャルダンスを学ぶことになり、のちに名手といわれるまでになるのですが、その過程で自分の足の運び方が理に適《かな》っていないことに氣がついたそうです。

西成　ああ！　たしかにソーシャルダンスも四方八方に動きますね。

藤平　そういうことです。どんなステップでも、決して、足を広げたままにはしない。次の一歩が踏み出せないからです。四方八方に動くため、足を引き寄せることが「理に適っている」と考えた藤平光一は、それまでの自分の足の運びをすべて見直して、現在の基本の動きをまとめました。ソーシャルダンスとの出会い、つまり、西成先生がいわれる「相対化」によって今があるということなのです。

西成　なるほど、「ソーシャルダンスと合氣道は関係ない」とみていたら、絶対に氣がつきませんね。

藤平　こうして考えてみると、心身統一合氣道の稽古そのものも、相対化しているといえますね。技の稽古は「投げ」と「受け」を交代しながら稽古します。これは、同じ技を完全に異なる視点からみているということです。

西成　いわれてみればそうですね。わたしも稽古をしていますから、投げる側の一方的な視点だけでは技が上手くいかないのはよくわかります。

相対化は「T字型」、広く浅く掘ることではない

藤平　西成先生との対話を通じて、ものごとを深く理解するには「相対化」が重要であることがよくわかりました。同時に、氣をつけなければいけない点もあるのではないかと思います。

相対化をするためには、世の中を広くみて、同じものを違う視点からみることが必要です。ところが、目の前のことにきちんと向き合わず、何にでも手を出して、広く浅く学んでしまう人も出てくるのではないでしょうか。そのような姿勢ではどれもまったく身にならず、正反対の結果になると思います。

西成　たしかに、そこが問題なのです。そうした誤解を防ぐために、わたしは学生に「T字型が大事」と伝えています。

藤平　アルファベットの「T」ですね。

西成　ええ。いろんなことをやるのは横に向かうベクトルで、横棒「―」を指します。これに対して一つのことを極め、掘り進めていくのは縦に向かうベクトルで、縦棒「｜」

を指します。相対化においては、その両方のアプローチがなくてはいけません。それが「T字型」です。

藤平　なるほど。

西成　これまでの大学は縦棒「|」しかやってきませんでした。わたしはこれを「専門バカ」と呼んでいます。そして、縦棒がなく、横棒「一」だけの人を「クイズ王」と呼んでいるのです。

藤平　なんとわかりやすい（笑）。

西成　学生には「両方が大事」と教えています。とくに深掘り、つまり縦の棒だけではみえてこないことがあることを強調しているのです。

藤平　Tの字は、縦にも、横にも、大きくなるほど良いということですか。

西成　そうですね。縦にしっかり掘る経験を持つと、他のところも掘りやすくなります。同時に、横を知ることで、縦により深く掘れるようにもなります。そういった経験が積まれて、どこでも深く掘れるようになる。すると、すべてに共通する本質がいずれみえてくると思うのです。

第2章

Kiコミュニケーション

天地の氣に合するの道

本書の内容をご理解いただくために、まず、心身統一合氣道とは何かをお伝えします。初めての方には、少々難しい内容に感じるかもしれませんが、そのまま読み進めていただき、最後にまたこの章へ戻っていただくと理解しやすいかもしれません。

合氣道とは、読んで字の如く「氣に合するの道」です。そして心身統一は「天地と一体である」ことです。したがって、心身統一合氣道は「天地の氣に合するの道」ということになります。

「天地」は天と地ではなく、大自然を指しています。

わたしたちは大自然の一部の存在です。そして、大自然とのつながりによって生きています。

たとえば、呼吸はどうでしょう。呼吸とは、体内に空氣を取り入れ、全身に酸素を送って二酸化炭素を回収し、また体外に出す営みです。これは天地とのつながりの一つといえます。

わたしたちは大自然とのつながりなく生きることはできません。それにもかかわらず、ときに「個」の意識が行き過ぎることがあります。あたかも自分一人で生きているような錯覚に陥るのです。さまざまな不具合が生じるのは、そうしたときです。

すなわち「天地と一体である」とは、特別な状態ではなく、自然な状態であり、人間本来の姿なのです。

心身統一合氣道では「氣」に基づいて稽古をします。

心身統一合氣道の創始者である藤平光一は「無限に小なるものの無限の集まりを総称して氣という」と説きました。

自分という存在の「元」をたどってみましょう。

わたしたちは母親の胎内から生まれました。その元をたどれば受精卵であり、さらにたどれば精子と卵子です。その元は、精原細胞と卵原細胞という細胞です。さらに、さらに、とたどっていっても、そこには必ず元になるものがあります。その大元は「無限小の何か」としか、表現しようがありません。

自分という存在の「先」をたどってみても同じです。生物として死を迎えれば、わたしたちは「無限小の何か」に還っていくことになるでしょう。そう考えれば、生命の本質は「天地の氣より生じ、天地の氣に還る」といえます。わたしたちは、その大きな流れのなかに身を委ねているのではないでしょうか。


海中で、海の水を両手で囲っている様子を思い浮かべてください。

自分の手で囲っているわけですから、手のなかにある水は「わたしの水」といえるかもしれません。しかし、実際にはそれは「海の水」です。それを自分の手で囲っているに過ぎません。

そして、手で囲った水が、その大元である海の水とつながりを持ち、自由に行き来していれば、淀むことはありません。しかし、水の行き来がなくなれば、手で囲った水は淀んでしまうでしょう。

氣も同じです。

「天地の氣」を自分という存在で囲っているに過ぎません。したがって、氣は「わたしの氣」ではなく、「天地の氣」なのです。

そして、氣は特別な人だけが持っているものではなく、誰もが持っていて、誰もが活用できるものです。

わたしたちは氣を通じて、大自然とつながっています。そのつながりが確かなとき、氣の行き来は自由で活発な状態にあり、淀むことはありません。その状態を「氣が通《かよ》っている」といいます。ところが大自然とのつながりが不確かだと、氣は自由に行き来できずに滞り、次第に淀んでしまうでしょう。その状態を「氣が滞《とどこお》っている」といいます。

そして氣の滞りは、多くの場合、心身の不調や人間関係の問題となってあらわれます。

中国でいわれる「気」は、たとえばバッテリーのように「蓄えて消費するもの」ととらえられているようです。「気」は使えば使うほど減っていくと考えられていることから、本書で述べる「氣」とは異なります。氣は、自由に行き来することによって活性化するのです。
「氣が通っている」ことが、もっとも重要なのです。

万有を愛護する

心身統一合氣道では、稽古のはじめに「誦句集《しょうくしゅう》」というものを全員で唱和します。心身統一合氣道の重要な教えを、藤平光一が22の項目として簡潔にまとめたものです。最初の項目である「座右の銘」には、稽古の目的が記されています。心身統一合氣道を学ぶ者にとってもっとも重要な内容です。全文を紹介しましょう。

座右の銘
万有《ばんゆう》を愛護し、万物《ばんぶつ》を育成する天地の心を以《もっ》て、我が心としよう。心身を統一し、天地と一体となる事が我が修行の眼目である。

心身統一の四大原則
一、臍下《せいか》の一点《いってん》に心をしずめ統一する。
二、全身の力を完全に抜く。
三、身体《からだ》の総《すべ》ての部分の重みを、その最下部におく。
四、氣を出す。

とくに重要なのは、最初の一文です。

本書の内容を正しく理解していただくために欠かせないところなので、解説します。

ここでの「心」は性質を意味しています。したがって「天地の心」とは大自然の性質を指す言葉です。

大自然は、万物の生命を育む一方で、ときに、万物の生命を奪うことさえある存在です。つまり、天地の心にプラスやマイナスはありません。プラスやマイナスがあるのは、それをとらえるわたしたちの心なのです。ですから、大自然の性質をプラスに活かしていくことができるかは、わたしたちの心次第だといえます。

わたしたちの人生がプラスに向かうようにするのか、マイナスに向かうようにするのか。これは人生においてもっとも重要な選択の一つでしょう。

もし、プラスの人生を望むのであれば、プラスに向かって歩むのが正しく、マイナスに向かって歩むのは誤りです。北に行きたいのなら北に向かうのと同じで、もしそこで南に向かえば、目的地に近づくことはできません。プラスの人生を望むのであれば、一つ一つの出来事に対し、常にプラスの言葉、プラスの態度、プラスの行動で臨むことです。

したがって最初の一文は「万有を愛護し、万物を育成する」大自然の性質をもって自分の心のあり方とし、プラスに向かってともに歩んでまいりましょう、という意味です。

ちなみに「万有」と「万物」は、国語辞典で調べると、どちらも「宇宙に存在するすべてのもの」とあります。誦句集において、万有は「総てのものが持つ性質」、万物は「宇宙に存在する総てのもの」を指します。ですから「万有を愛護する」とは「それぞれが持っている性質を理解し、尊重する」という意味です。

性質とは何でしょうか。

たとえば、人の持つ性質というと、「長所」「短所」が思い浮かびます。しかし、それは周囲の人が主観的に評価したものに過ぎず、事実として「長所」「短所」という性質が存在するわけではありません。実際、長所と短所は多くの場合、表裏一体であり、ちょっとしたきっかけで、短所が長所に変わることもあります。

心身統一合氣道の子どもクラスでの出来事です。

稽古中によく大声をあげる、小学校高学年の男の子がいました。一緒に稽古する子どもたちは、その子を「うるさいな」と感じたり、怖がったりしていたようです。若手の指導者が「他の人の迷惑になるから静かにしなさい」と注意するのですが、男の子はふてくされて、さらに大声を出してしまうのです。

そんなとき、年配の指導者がやって来ました。事の詳細を聞くと、その子が稽古する様子をしばらく見守っていたそうです。そして稽古後、彼に歩み寄って「君は声が大きいね。すごいね！」と声をかけました。怒られると思っていた男の子はキョトンとしています。

年配の指導者はこう続けました。

「それだけすごい声なのだから、号令をかけてみようか」

やる氣になった男の子が元氣いっぱいにかけた号令は、道場の隅々まで響き渡ります。一緒に稽古していた子どもたちも「すごい！」と賞賛しました。これをきっかけに、男の子は無駄に大声を出すことがなくなったのです。


「声が大きい」のは、このお子さんが持っている性質です。

それが短所となったのは、その性質が不適切な時期や場所にあらわれたからです。適切にあらわれれば、同じ性質が長所になることもあるのです。もし「声が大きい」という性質に短所というラベルを貼ってしまったら、そのお子さんをプラスに導くことはできなかったでしょう。性質を否定することは、存在を否定することと同じなのです。このやり取りをみた若手の指導者は、大切なことを学んだようでした。


人をより良く導くためには「万有を愛護する」心が不可欠です。

わたしを含め、人を導く立場にある者にとって、この姿勢はもっとも大切なことなのです。

相手の能力を発揮させる

わたしは全国各地で講演をしていますが、毎回、冒頭で参加者の方々に「合氣道をご存知ですか」と質問します。

それでわかったのは「合氣道」という言葉を知らない人はほとんどいないものの、合氣道をみたことがある、あるいは、合氣道を経験したことがある方は、かなり少ないということでした。つまり、多くの人は、合氣道というものを何となくのイメージでとらえているのでしょう。

みなさんが抱いている「合氣道」のイメージでもっとも多いのは、相手の手首をひねって「えい！」と投げるというものです。

実は、これは心身統一合氣道で教える内容とは異なります。

手首を無理にひねられれば、相手は抵抗するものです。なぜなら「手首をひねられて嬉しい」という人は、めったにいないからです。そして、ひとたび相手の心を抵抗させてしまうと、相手を動かすことは難しくなります。たとえ相手が小さな子どもであっても、全力で抵抗する人間を動かすのは至難の業です。

わたしは海外で指導する機会も多いのですが、外国にはわたしよりもはるかに大柄で、力の強い人たちがいます。そのような相手に全力で抵抗され、ぶつかってしまったら、動かすことは難しいでしょう。


ここで必要となるのが、第1章の対談で出てきた「心身統一合氣道の五原則」です。

これは、人を「導いて動かす」ための具体的なプロセスです。

心身統一合氣道では、日々、これに基づいて稽古をしています。

心身統一合氣道の五原則

一、氣が出ている
二、相手の心を知る
三、相手の氣を尊《たっと》ぶ
四、相手の立場に立つ
五、率先窮行《そっせんきゅうこう》

このプロセスを一言で表現すれば「力ずくで動かすのではなく、一体となって動く」ということです。そのためには、相手の状態をよく理解し、尊重することが欠かせません。

技の稽古において、相手を自分の思い通りにコントロールしようとすると、両者は「コントロールする人」VS.「コントロールされる人」という関係になります。その場合、相手の心には「コントロールされたくない」という抵抗が生じてしまい、相手とぶつかってしまうのです。この「ぶつかる」という感覚は、文字通り、何かと何かが衝突する感覚で、結果として、相手を動かすことはできなくなります。

心身統一合氣道の五原則に基づいて、相手の状態を理解し、尊重しているときは、一緒に動いているので、相手の心に抵抗は生じません。そのため、相手とぶつかることなく動くことができます。これがすべての技の基本です。


このことを、マネジメントの観点からみてみましょう。

一方的な指示や命令によって、相手を自分の思い通りに動かそうとする人がいます。この場合も技と同じで、両者は「動かす人」VS.「動かされる人」という関係になります。すると、程度に差はあるものの、相手の心には抵抗が生じるでしょう。

会社の上下関係のように力関係が明確な場合なら、相手の抵抗を無視して、力ずくで従わせることができるかもしれません。しかし、それは自発的な動きではありませんから、相手のパフォーマンスが十分に発揮されることはないでしょう。つまり、こういう動かし方をするリーダーは、フォロワーが持っている能力の一部しか活かせないのです。

そうではなく、相手の状態をよく理解し、尊重して、一緒に進むべき方向を指し示して進めば、相手は自発的に動きます。この場合は、嫌々仕事をするよりも、ずっと高いパフォーマンスを発揮することができるでしょう。こういう動かし方のできるリーダーは、フォロワーが持っている能力を上手に引き出せるのです。

10の能力を持っているフォロワーがいたとして、その4割しか活かせないのなら、結果は4です。

8の能力を持っているフォロワーがいたとして、それを最大限に活かせたら、結果は8です。

もともとの能力だけをみれば、8より10のフォロワーのほうが優秀です。しかし、導くリーダーによってその結果は正反対になってしまいます。それだけではありません。自分の能力を十分に発揮させてもらえず、そのうえ成果も上がらないとしたら、フォロワーのモチベーションは著しく下がってしまいます。それは悪循環の始まりです。

リーダーは「力ずくで動かす」のではなく、「導いて動かす」ことが不可欠なのです。

こうしたことはビジネスパーソンなら誰もがご存知で、もしかすると「釈迦《しゃか》に説法だ」

と思われるかもしれません。しかし、実際のところはどうでしょう。頭では理解しているつもりでも、本当に実践するのは簡単ではないはずです。「導いて動かしている」と断言するリーダーでも、周囲からの評価が異なることは少なくありません。

心身統一合氣道の五原則は、これを身体で実践する具体的なプロセスなのです。心身統一合氣道の稽古では「相手を上手《うま》く投げられない」という現実を直視することができます。頭でわかっていても、相手を導けていないことに氣づく機会になるのです。ビジネスにおけるコミュニケーションにも応用できるので、多くの企業で研修に導入していただいています。

合氣道に対するイメージで次に多いのが「相手の力を利用する」というものです。

これも心身統一合氣道で教える内容とは異なります。

これは「相手を利用する」という考え方に基づいています。あなたのことを利用しようと近づいてくる人を思い浮かべてみてください。あなたは相手を警戒するはずです。ましてや、そんな相手と一緒に何かをする氣持ちにはならないでしょう。利用するのではなく、尊重するからこそ、ともに歩むことができます。

昨今、雑誌などのメディアで、著名人が「合氣道的な」という表現をされているのをみかけます。基本的に「相手の力を活かす」という意味で使われているようですが、「相手の力を利用する」という理解も根強いようです。

本書では、心身統一合氣道に基づいたコミュニケーション、すなわち、相手の能力を発揮させるコミュニケーションを「Kiコミュニケーション（Ki Communication）」と定義することにしました。海外では心身統一合氣道を学ぶうえで「Ki」という言葉が広く用いられているため、「Ki」と英語で表記することにしました。

Kiコミュニケーションには、三つのポイントがあります。

①広くとらえて、全体をみる
②心が静まった状態で接する
③自発的な心の働きを呼び起こす

では、一つずつ解説していきましょう。

①広くとらえて、全体をみる

Kiコミュニケーションの第一は「広くとらえて、全体をみる」です。

前半の対談で、西成先生は「広くとらえる」ことの重要性を繰り返し語ってくださいました。対談のキーワードとなった「相対化」においても、その基本は広くとらえることにあります。西成先生は、これを研究だけでなく、語学の習得でも、文章の執筆でも、あらゆる場面で実践されています。広くとらえてから、磨いていくことが大事なのです。

心身統一合氣道の稽古においても、これは同じです。

狭くとらえているとき、技は上手くいきません。広くとらえることは、稽古の大きなテーマです。第4章で詳しく説明しますが、広くとらえているときの状態を「氣が出ている」といいます。また、対談では、わたしが藤平光一から指導を受けた「できない／意味ない／関係ない」という三つの言葉についても触れました。これらの言葉を使うのは、ものごとを狭くとらえることそのものだといえます。だからこそ、修行のはじめに厳しく教えられたのでしょう。

ものごとを狭くとらえてしまう原因の一つに、既存の「枠《わく》」があります。わたしたちは、目の前のものごとを、自分の知っている枠に当てはめてみることがあります。枠は、ものごとを理解するうえで便利で、参考にもなりますが、枠にこだわってしまうと、ものごとを狭くとらえる原因になります。

「人をみる」ときを思い浮かべてください。

大勢の人をみていると、大体の傾向やパターンがわかるようになります。経験が枠をつくるからです。枠はある程度の参考にはなりますが、枠にこだわると、一人一人を正しく理解することは難しくなります。「あの人はこういうタイプ」とよく口にする人は注意してください。タイプという枠を当てはめ、ものごとを狭くとらえているかもしれないからです。

他に「こうしなければ」という思い込み、「こうであるはず」という先入観、「他の人がそうだから」という横並び意識も、枠の一つです。


ものごとを狭くとらえてしまう、もう一つの原因は「物差し」です。

わたしたちは、それまでの経験に基づいた、さまざまな価値観を持っています。そして、この価値観によって、それぞれの物差しがつくられます。物差しはものごとを理解するうえで必要なものです。しかし、常に自分の物差しだけでものごとをみていれば、狭くとらえるようになってしまうでしょう。

また、物差しはズレることがあります。

一度にたくさん生じる大きなズレは、自分でも氣がつくことができるでしょう。厄介なのは、日々少しずつ生じるズレです。これに氣づくことは難しく、ある日突然、大きな不具合が生じたときに、初めて自覚することになります。最初は「これはいけないことだ」と認識していたのに、「このくらいは許されるだろう」と自分から許容範囲を広げていき、最後はとんでもない結果になるのは、まさにこのズレによるものです。

これを防ぐために、藤平光一は「天地を相手にする」ことを説きました。

「天地を相手にする」とは、自分の物差しではなく、天地の理（大自然の理）に基づいてものごとをみる、ということです。昔の人は「お天道様はみている」といいましたが、まさにそれです。

困ったり、悩んだりするときは、自分の物差しが原因であることが少なくありません。自分の物差しに執着すると、ものごとを狭くとらえてしまうことになるからです。そんなときこそ、天地を相手にする基本に立ち返ることが大切なのです。天地を相手にするとは、究極に「広くとらえる」ことだからです。


今日、国際社会においても、企業経営においても、ＳＤＧｓ（持続可能な開発目標）が重視されつつあるのも、個々の国の事情や自社の物差しで狭くとらえるのではなく、社会全体を広くとらえるためだとわたしは考えています。

必要とされているのは、まさに「天地を相手にする」視点ではないでしょうか。

「一体である」というとらえ方

技の稽古において「狭くとらえる」とは、自分のことしかみえない状態です。相手のことも、周囲のこともみえていない。そういうとき、技は上手くいきません。外界とのつながりがなくなっているからです。

先ほどもお話ししたとおり、相手を自分の思い通りに動かそうとするとき、両者は「動かす人」VS.「動かされる人」という関係になっています。これは「相手と自分とが分離している」といえるでしょう。ひとたびこの関係になってしまうと、相手とぶつかって、スムーズに動くのは難しくなります。

目の前にいる相手を、動かす対象ではなく、「一緒に動く人」ととらえるとどうでしょうか。そうすると、両者は一体であり、相手とぶつかることなく、スムーズに動くことができます。

これは実際に稽古を体験しなければわからない感覚なので、文章で表現するには限界があるかもしれません。

しかし、日常生活においても「一体感」を感じる場面はあるのではないでしょうか。誰しも、自分と周囲を分離していない感覚は持っているはずです。技の稽古における実感は、その感覚と非常によく似ています。

このことを、コミュニケーションの観点でみてみましょう。

思春期のお子さんを叱らなければいけないとします。

ここで「自分のいうことを理解させよう」とすると、「叱る人」VS.「叱られる人」という関係になって分離してしまいます。すると、相手の心に「叱られたくない」という抵抗が生じてしまい、その瞬間に、お子さんの耳にはあなたの言葉が届かなくなります。

これに対して「一緒に考えよう」「一緒に良くしていこう」というアプローチをとるときは、一体になっています。心の抵抗が生じにくくなり、一緒に動くことができるのです。このプロセスは、まさに心身統一合氣道の技と同じであり、道場の外での稽古といって良いものです。

交渉の場面でも、同じことがいえます。

「自分の思い通りに交渉を進めよう」とするとき、両者は「説得する人」VS.「説得される人」という関係になり、分離してしまいます。すると、相手の心には「思い通りにはさせない」という抵抗が生じ、その瞬間にまとまらなくなるのです。感情による影響を受けやすい交渉であれば、なおさらまとめることは難しくなるでしょう。

目の前にいるのは「これから一緒に仕事を進める人」です。そうとらえているときは、一体になっているので、双方にとっての利益を考える心のゆとりが生まれます。

これもまた、道場の外での稽古といえます。

新しいことを進めるときには、必ず反対意見が出るものです。このとき、反対する人たちを「敵だ」と思ってしまえば、「賛成する人」VS.「反対する人」という対立関係になってしまいます。自分のやりたいことが、対立する相手によって邪魔されている。そうとらえてしまったら、ただただ相手をうとましく感じることになります。

しかし、反対意見を述べている人も「一緒に歩んでいく人」なのです。

そうとらえているときは、反対意見にも耳を傾けることができます。そうすれば、その人たちを巻き込んで前に進めていく道を探したり、異なる方向を提示するといった模索も可能になるのです。

「一体である」というとらえ方は、広くとらえることで初めて得られます。

広くとらえるから「流れ」がみえる

技の稽古で大切なのは、全体をみることです。部分をみてしまうと、相手の動きにまったく対応できません。

たとえば、相手が拳で突いてくるときを思い浮かべてください。

拳の動きを目で追ってしまうと、全体がみえなくなります。すると「流れ」がわからなくなって、どの方向に導いたら良いのか、あるいは、どのタイミングで動けば良いのか、まったくわからなくなります。広くとらえることで、氣の流れがわかり、相手を尊重することができるのです。

コミュニケーションにも流れがあります。

しかし、相手の言葉や態度といった「部分」ばかりを氣にしていると、「全体」がみえなくなり、流れがまったくわからなくなるのです。流れがわかるからこそ、どの方向に導くか、あるいはどのタイミングで対応すれば良いかがわかります。

また、こちらの言葉を相手に正しく伝えるには、適切な手段と、適切なタイミングを選ぶことが重要です。しかし、この「適切な」がクセモノです。自分が適切におこなうことばかりを考えて、狭くとらえると、流れがみえなくなり、何が適切なのかがわからなくなってしまいます。一方で、広くとらえ、流れがみえるとわかるのです。

流れを言葉で説明するのは難しいものですが、心身統一合氣道の稽古では、この感覚を技の稽古でつかみます。実際に身体を使って動いてみると、感覚的につかみやすいのです。

あえて言葉で説明しますと、流れをつかむためのポイントは「部分」ではなく「全体」です。そして「狭く」ではなく「広く」です。

「流れをみる」ことについては、わたし自身も、ある方々に鍛えられた経験があります。それは、とある経営者団体が主催する経営者向けセミナーでした。わたしが20代後半のころから長年講師を務めさせていただいていますが、毎回異なるメンバーで40名ほどの個性豊かな経営者の方々が集まります。参加者の多くが50代~70代で、わたしよりもかなり年長です。しかもみなさん一国一城の主ですから、一筋縄ではいきません。

当初、わたしはセミナーのことだけを考えていました。

しかし、なかなか上手くいきませんでした。今になればわかるのですが、セミナーの前と後のことをまったくみていなかったのです。それで、流れをつかむことができなかったのでしょう。流れをみずに、ただ、こちらの言葉を伝えようとしても、上手くいくわけはありません。

いろいろと試行錯誤した結果、定刻よりも早めに会場に入るようにしました。セミナーが始まる前に、参加者の一人一人の表情や、発している雰囲氣をよくみるようにしたのです。すると「流れ」がわかるようになってきました。

たとえば、参加者の関心が高いときは、流れに勢いがあります。こういうときは、そのまま本題に入っても問題ありません。どんどん先に進んでいくことができます。

参加者の関心が低いときは、流れができていません。こういうときは、まず、関心を持っていただけるような内容の話を先にしなければいけません。もちろん、セミナーが終わったあとのやり取りや、後日のフォローアップも大切にしました。

こうすることで、次第に上手くいくようになりました。

つまり、一つ一つの事象をみて狭くとらえるのではなく、前後のつながりまでみて、広くとらえることによって、流れは格段につかみやすくなる、ということです。

流れをつかめさえすれば、「何が適切か」は自ずとわかるようになります。

世の中にも「流れ」は存在します。

新しいことをはじめるのは、当然ながら「自分がこうしたい！」という思いがあるときでしょう。しかし、その思いだけでは、世の中の流れをつかむことはできません。それを無視すれば、川の流れに逆らって泳ぐようなことになりかねないのです。

これがわかれば、流れが順調なときは流れに乗り、順調でないときは流れに逆らわず待つ、といった判断も可能です。「今この瞬間」というタイミングも逃さずに済みます。これこそ究極の判断であり、流れを正確につかむのは決して容易ではありませんが、この感覚も「広くとらえる」ことによって磨かれていくはずです。

心身統一合氣道の稽古では「広くとらえる」ことを訓練します。それによって、感覚的に流れをつかめるようにすることが目的です。これはそのまま、Kiコミュニケーションに活かすことができるのです。

②心が静まった状態で接する

Kiコミュニケーションの第二は「心が静まった状態で接する」です。

技の稽古においては、心を静めることがとても重要です。

心が静まっているときは、相手の攻撃に対し、瞬時に動くことができます。緊張や動揺、焦りなどで、心が乱れているときは、初動が遅れたり、固まってしまったりして、思うように動くことができません。相手が攻撃してくるという状況においても、心が静まった状態を保つことができるかどうか、が大切なのです。

とはいえ、実際に、心を静めるのは容易ではありません。心は、静めようとすればするほど、反対に乱れてしまうものだからです。それではどうしたら良いのでしょうか。

幸いなことに、心の状態と呼吸はつながっています。心が乱れているときは呼吸も乱れており、心が静まっているときは呼吸も静まっているのです。

つまり、普段から呼吸を静める訓練をしておけば、いざというときにも心を静めることができるのです。心身統一合氣道では、呼吸を静める訓練（氣の呼吸法）を稽古の一環としておこなっています。

心を静めることを、コミュニケーションの観点からみてみましょう。

多くの人は、大事なことを伝えようとすると、心が乱れます。いうべきことをいえなかったり、いってはいけないことをいってしまったりするのはそのためです。結果として、伝えるべきことが伝わらず、良好な人間関係を構築するのが難しくなることがあります。

この点で、とりわけ大変なのは、組織やチームのリーダーでしょう。リーダーには、伝えづらいことを伝えなければいけない場面があるものです。わたし自身も組織の長ですから、その大変さはよく知っています。日本人は「関係性を壊したくない」という思いを持つ方も多い国民性ですので、伝えるべきことを伝えられないという悩みを耳にすることも少なくありません。

伝えにくいことを、相手が理解できるようにいかに伝えるか。

このときに大切なのは、心が静まった状態で接することです。それによって、相手の状態がよくみえるようになり、落ち着いて伝えられるようになります。

心の状態は「氣」を通じて相手に伝わります。心が乱れた状態で伝えれば、その乱れが先に相手に伝わってしまい、肝心の内容が伝わりません。イライラしているときは、話の内容よりも先に、そのイライラが氣で伝わります。嫌々話しているときは、その嫌々が先に相手に伝わるのです。

心が静まった状態で接すれば、このようなことはありません。伝えるべきことを率直に伝えることが可能になります。

心が静まっているから相手を理解できる

心が乱れているときは、相手の状態がみえなくなります。これは技の稽古でも、コミュニケーションでも同じです。

湖の水面を思い浮かべてください。

波が静まった湖面には、月はその姿をありのままに映し出します。波立っている湖面に、月はその姿を正しく映すことはありません。心の性質は、この湖面によく似ています。

わたしたちは、自分のみたいようにみて、聞きたいように聞くものです。

これは、ディスコミュニケーションが起こる最大の原因でもあります。心の状態が乱れているときは、波立った湖面のように、目の前のものを正しく心に映さなくなり、この傾向が強まってしまうのです。

相手の状態を正しくつかむことは、コミュニケーションの基本です。

相手を理解する姿勢があるからこそ、信頼関係も構築されます。たとえば、こういうアプローチも可能です。

もし、相手が自分の伝えていることを理解できていないのなら、説明を繰り返したり、説明の仕方を変えることができます。

もし、相手が自分の伝えていることに関心がないのなら、話題を変えて、関心を持ってもらえるように工夫することができます。

もし、相手が自分に不信感を持っているのなら、信頼関係の再構築に努めたり、相手と信頼関係のある別の人から伝えるといったことができます。

このように、相手の状態がみえていれば、伝わらないときも、臨機応変に対応できるのです。

しかし、相手の状態がみえていなければ何もできません。それは、双方向ではなく、一方向になっているからです。一方向になっていると、実際には伝わっていないのに「伝わった」と勘違いしたり、相手の誤解に氣がつかなかったりといったことが起こります。

コミュニケーションにおいては、どのように伝えるかより、相手の状態を正しく理解することが先決です。そのためには、心が静まった状態で接することが欠かせません。


コミュニケーションスキルというと、テクニックを駆使することととらえている人が少なくありません。たしかに、対症療法的にいえば、そういったテクニックが役立つ場面もあるでしょう。しかし「テクニックを使う」という心の働きは、コミュニケーション能力の高い相手には「あざとさ」として透けてみえています。しかも、それが付け焼き刃のテクニックであれば、まったく通用しないこともあるものです。

この章でお伝えしている「Kiコミュニケーション」はテクニックではありません。Kiコミュニケーションの目的は、相手を理解し、尊重することによって、相手の持つ能力を発揮させることです。登山のように一歩ずつ歩みを進める地道なものですから、手っ取り早く進みたい人には、回り道をしているように思えるかもしれません。しかし、西成先生の言葉をお借りすれば、だからこそ、より高いところにたどり着けるのです。

③自発的な心の働きを呼び起こす

Kiコミュニケーションの第三は「自発的な心の働きを呼び起こす」、すなわち、相手が「氣が出る」ように導くことです。

心身統一合氣道では、相手の自発的な心の働きを呼び起こすことを、技の稽古を通じて学びます。そのプロセスを「導く」と呼んでいます。相手の自発的な動きを尊重するとき、相手には「無理に投げられた」という感覚は生じません。むしろ心地よく感じます。心身統一合氣道に「投げて喜び、投げられて喜び」という言葉があるのは、このことをあらわしているのです。「無理に投げられた」という感覚があるときは、投げる側の導き方が適切ではなかったということです。

稽古を通じ、ただ相手を投げるのではなく、導いて投げることが大切だということを学んでいきます。


これを、コミュニケーションの観点からみてみましょう。

誰かにいわれたからやっているとき。自発的に取り組んでいないとき。こういうときは成果が上がりにくいものです。先に述べたとおり、一方的に指示・命令するだけでは、相手の自発的な心の働きを呼び起こすことはできません。つまり、この方法では、相手の能力を十分に引き出せないのです。

それでは、どうしたら自発的な心の働きを呼び起こすことができるでしょうか。

実は、ほんのちょっとしたことで、それは可能になります。身近な例からみてみましょう。

誰かに、頼みごとをしたいとします。

このとき、相手が頭を使って自発的に取り組めるように導くことが大切です。「何のために」と目的を共有することはコミュニケーションの基本ですが、さらに、相手がやる氣になるように「思い」を持って伝えることが必要です。たとえば、単に「子どもたちを迎えるウエルカムボードを作ってください」と頼むよりも、「子どもたちは今こういう状況にあるので、そんな子どもたちに喜んでもらえるようなウエルカムボードを作ってください」と伝えることで、相手はどうしたら子どもたちが喜ぶかを自発的に考えるようになります。

自分の望む結果が得られないと相手を責める人がいますが、それは、相手が自発的に動けるように導けなかった自分の問題かもしれません。Kiコミュニケーションを磨いていくには、自分のあり方に重きをおくことが基本なのです。

チームワークにおいても、同じことがいえます。

チームのリーダーが、一緒にプロジェクトを進めるフォロワーに指示を伝える際、「何のためにおこなうのか」を明確に示すのは基本です。ただし、人はロジックだけでは動きません。論理だけでなく、「なぜ実現したいのか」という思いを、フォロワーの印象に残るように伝える必要があります。とくに、「心から思っていること」「感動していること」は伝わりやすく、相手の自発的な心の働きを呼び起こすことができるからです。そして、社会的意義を理解し、「志」を持って進められるようになるとき、リーダーの思いにフォロワーが共感し、一人一人が持っている力を存分に発揮するのです。

このプロセスに、相手の立場や役職は関係ありません。大切なのは、すべての人に徹底することです。もし一人でも疎かにすれば、そこからチームワークは綻んでいくことになるでしょう。

リーダーの役割は、日頃からフォロワーとの関わりを大事にすることです。一人一人が持っている性質をよく理解し、その能力を効果的に発揮させることです。

これもまた、Kiコミュニケーションなのです。

大事なことは「大事」と伝える

ある企業の事例です。

全国にスクールを展開しているその企業では、あるとき、大きな予算と時間をかけて無料の教材を制作しました。スクールへの入学を検討する人たちに配布するためのもので、本社は、各スクールに配置されたマネージャーに「積極的に活用するように」と指示を出したそうです。

ところが、しばらく経っても、教材の成果が一向にあらわれないのです。

活用状況を確認した本社は、ショックを受けました。なぜなら、大部分のスクールが入学希望者に何の説明もしないまま、ただ教材を渡していたことがわかったからです。

渡された希望者も「どうせ無料のものだから、その程度の内容だろう」と思ってしまったかもしれません。そうなれば、目を通すこともないでしょう。業務の多忙を理由に、届いた教材の封を開けてさえいなかったスクールもあったそうです。

この企業の経営者は心身統一合氣道を学んでおられます。そのご縁で、わたしもこの話を耳にしました。奇しくも、その日の稽古のテーマは「導いて動かす」ことでした。もしかすると、その方も思うところがあって、この話をなさったのかもしれません。

実際「今回のことが起こって初めて、社員を一方的に動かしている自覚を持ちました」と振り返り、「大事な教材なら、現場の社員に『これはとても大事なものだ』とわかるように伝え、配布するべきでした」とおっしゃっていました。たしかに、各スクールのマネージャー自身がこの教材の大切さを理解していたら、対応は違ったはずです。入学希望者に渡すときに「大事なもの」だと説明してから渡したでしょうし、自発的に活用法を考えたことでしょう。

もちろん、マネージャーにも責任はあります。本社が制作した教材を説明することもなく配布するべきではありませんし、封を開けないなどは論外です。しかし、そこに原因を求めているうちは、現状が良くなることはありません。この経営者の方は、Kiコミュニケーションを用いて、相手の心に働きかけることにしたのです。

変えたのは、伝え方です。社内で大事なものを配布するときは、その重要性を相手に理解できるように伝える。そのための工夫を徹底したそうです。無味乾燥な情報として伝達するだけではなく、思いやプロセスといったバックグラウンドも伝える。たとえば「これだけ多くの人が、これだけの情熱をかけてつくったものです」とストーリーを伝えたり、「こんなに喜ばれている」というお客様の声を伝えるようにした。

そうすることでマネージャーの印象に深く残るようにし、自発的な心の働きを呼び起こすようにしました。その結果、同じことは起こらなくなったそうです。

実際のところ、これと同様のことは、家庭や学校においても日々起こっています。道場で学んだことを、このように日常で活かすことが稽古であり、さまざまな活用事例からも学ぶことで、深い理解につながっていくのです。

「本氣」が人を動かす

技の稽古をしていると、「自分は真剣にやっているのに相手がまったく動かない」という状況になることがあります。

原因は、相手ではなく、自分です。自分で動く氣がないのに、相手だけを動かそうとしているときに、こういうことが起こります。相手からみれば「動く必要を感じられない」のです。

多くの人は、このことを頭では理解していますが、実際にはなかなかできません。できていないことにも氣づきません。無意識のうちに「自分は動かずに相手だけ動かそう」としてしまっているからです。

そこに氣づけるのが稽古です。実際に技をやってみると、できていないことがわかります。そこで初めて「自分は動かず、相手だけを動かそうとしている」という現実に直面し、自覚を持つことができるのです。

心の状態は氣を通じて伝わります。

心のうちにある真剣な思いは、言葉より先に「氣」で伝わります。これを「本氣」といいます。

「この人は本氣で話していないな」と感じることがあるのは、心の状態が氣で伝わっているからです。どんなことを考えても心のなかは他人にわからないだろう、とはならないのです。

本氣でなく、言葉だけ良いことをいくら伝えても、相手の自発的な心の働きを呼び起こすことはできません。


ある会社での話です。

その会社の経営者は、感情表現の豊かな方です。社員を集めて話をするとき、机をバンバン叩いたり、感極まって涙を流したりするのです。しかし社員の反応は薄いそうで、あるとき「先生、うちの社員はどうしてこんなに感性が鈍いのでしょうか」と相談を受けました。

それで社内の現場をみせていただいたのですが、原因はすぐにわかりました。話をするときの熱量は相当にあるのですが、その内容が社員に「こうあるべき」と求めるものばかりだったのです。「一緒にこうしよう」というものはまったくありません。そのため、社員から「この人は自分で動く氣がないな」と見透かされていたのです。

「本氣」が人を動かすのです。

当たり前に聞こえるかもしれませんが、実践できている人は決して多くはないでしょう。とくに知的に優れた人はコミュニケーションをテクニックでとらえがちで、本氣という基本を忘れやすいものです。「人は、こうすればこう動く」というものではありません。

会議などに出席すると、「話の内容は素晴らしいのに、なぜか心に響かない」という人がいます。

それは、実行する氣のないアイデアや発想をただ述べているだけだからかもしれません。大きな会社や組織には、そういう人が一定数いるものです。多様性の観点から活かしていくことも大切ですが、リーダーとしては明らかに不向きでしょう。そういった言葉はいくらたくさん重ねても、相手の自発的な心の働きを呼び起こすことはできないからです。

Kiコミュニケーションには、「本氣」という氣の働きが不可欠なのです。

イノベーションを求めて

日本を代表するような大企業、あるいは大手外資系企業の幹部研修をさせていただくことがあります。

今もっとも必要とされているのは「イノベーションを起こすことができる人材」だということです。現代は、とてつもない速さで変化しています。そのなかで、一歩先に進んでいくために、イノベーションが欠かせないのは当然のことなのでしょう。

「イノベーション」という概念は、経済学者のヨーゼフ・シュンペーターが提唱したもので、厳密にいえば、経済活動で用いられる言葉です。しかし、広い意味でとらえれば、どのような分野でもイノベーションはあり得るのではないかと思います。事実、西成先生は学術の分野で、さまざまなイノベーションを起こしてきました。

イノベーションは、ゼロから1を生み出すものではありません。確固たるものを持っている前提があって、それとまったく関係ないと思われている分野との出会いによって生まれるものです。西成先生の例でいえば、「渋滞の定義」という確固たるものが、アリの行列と大人になってから再び出会うことで新たな発見があったといえます。本書では紹介しきれませんが、西成先生は他にもさまざまな分野で、新たな発見をなさっています。

イノベーションで重要なのは、広くとらえ、全体をみる力、未来像をみる力です。広い視野を持っているからこそ、新たな組み合わせに出会うことができます。

イノベーションでは、コミュニケーション力も重要です。

出会う人々と積極的に交流し、巻き込みながら、新しいものを探索する。そして、サポーターとの人間関係の構築も大切です。

イノベーションでは、実行力も重要です。

数々の失敗のなかから一つの成功を得るために、実践・検証を繰り返す。そのためには、失敗を恐れずにチャレンジする心の強さが不可欠です。

そういった人材育成に、Kiコミュニケーションは役立っています。


合氣道は武道ですから、従来は「道場でするもの」と考えられていました。

しかし、藤平光一は心身統一合氣道を「生活のなかの合氣道」と定義しました。道場で会得したことを日常生活で活かすことこそが稽古だと説いたのです。

その教えのとおり、心身統一合氣道では、武道に関心のある方ばかりではなく、それまで武道にまったく関心のなかった方も熱心に学んでおられます。さまざまな分野の方が学び、道場で稽古したことをそれぞれの分野で活用していらっしゃいます。

前半の対談でも述べましたが、心身統一合氣道という教えは不変ですが、その伝え方は世の中の流れに応じて常に変化しています。そのため、わたしたちにとってもイノベーションは大事だと考えています。

現在、数多くの企業で研修指導をおこなっていますが、企業で心身統一合氣道をお伝えするのは、わたし自身が相対化によってより深く理解すること、そして、伝え方においてイノベーションをはかるためでもあるのです。

本章で紹介した「Kiコミュニケーション」は、この20年間、企業での指導という「相対化」によって積み重ねた内容をまとめたものです。

後半の対談では、「氣の滞りと渋滞」をテーマにお話しします。

第3章
対談②

氣の滞りと渋滞

万物は渋滞する

藤平　西成先生は「万物は渋滞する」（注：古代ギリシャの哲学者ヘラクレイトスの言葉「万物は流転する」に由来）といわれます。

西成　流れがあるところには、必ず滞《とどこお》りもあります。

藤平　氣の滞りについてお話しする前に、まず「渋滞学」についておたずねしたいと思います。西成先生は世の中の滞りを広く研究なさっていますが、最初は車の渋滞についての研究だったのでしょうか。

西成　そうですね。車の渋滞について、数学的に定義し、解析するところから始まりました。

藤平　そして、車だけではなく、研究対象が広がっていった。先ほども少し触れましたが、アリの渋滞もその一つですね。

西成　ええ、アリも本氣で研究しました。地面に腹ばいになって、1匹ずつピンセットでつまんだり、女王アリを探す調査をしたり、とにかくいろいろやりましたよ。

藤平　結論として「アリは渋滞しない」のでしょうか。

西成　そうです。基本的にアリは渋滞しません。人間は渋滞してばかりいますが（笑）。

藤平　本当ですね（笑）。アリには全体がみえているのでしょうか。つまり、アリは人間と違って常に全体最適（注：経営学用語でシステムや組織の全体が最適化された状態であることを意味する。対義語は「部分最適」）で行動しているということなのですか。

西成　「結果として」全体最適で行動している、といったほうが良いですね。

藤平　結果として、ですか。

西成　はい。車の渋滞は、行列が混み合ってきたときに、車間距離がどんどん詰まり、ほとんど動けなくなる現象です。観察しているとわかるのですが、アリは、行列が混んできても、前に詰め過ぎることはありません。そうなるのは、他のアリが落とすフェロモンの匂いが濃くなるせいだとわたしは考えています。フェロモンは通常、他のアリを引き寄せるのですが、あまり濃くなりすぎると、逆に動かなくなってしまうことがあるようなのです。

藤平　なるほど。

西成　つまり、1匹1匹のアリがおこなっている相互作用は、ローカルなものなのです。全体をみているわけじゃなくて、目の前にあるフェロモンの匂いを感じているだけ。でも、その匂いには、いろいろなアリが落としたフェロモンが含まれている。そのため「結果として」、グローバルな情報を得ることができる。

藤平　そういう仕組みになっているのですね。

西成　渋滞の解決方法として、アリは天才的です。非常に興味深い。

藤平　常に全体を俯瞰《ふかん》する必要はなく、身のまわりの匂いに集中すれば済むわけですか。

西成　そうです。身のまわりをみるだけで、全体の情報を得ることができる。だからローカルの情報だけで振る舞えばいい。ローカルだけどグローバル。ものすごく深い解決方法だと思います。これに氣がついたときは感動しました。

藤平　その仕組みは、人間社会にも応用できそうですね。

西成　はい。車の渋滞も、車間距離を適切に空けることができれば大きく改善できます。身近なところでは、スケジューリングにも応用できますね。予定を隙間なく詰め込むのではなく、ある程度、空けておくようにする。その方が、急な用事や予定の変更で滞ることがなくなります。

藤平　ああ、わたしもスケジューリングでよく渋滞がありますよ（笑）。

西成　工場の生産ラインも稼働率7〜8割くらいのスケジュールで動かすほうが、トータルでは効率が良いことがわかっています。逆説的なので、なかなか信じてもらえないのですが、複数の工場で実証実験をしており、これも実証されています。

藤平　そうなのですね。

西成　多くの生産現場では、スケジュールをギリギリまで詰め、機械をフル稼働に近づけようとしています。そのほうがたくさんの製品を効率よくつくれると考えるからです。しかし、実際にフル稼働させてしまうと、機械が疲労し、故障や修理、メンテナンスに要する時間が増えてしまう。その結果、一生懸命フル稼働させたいときに、頻繁に修理やメンテナンスをすることになるのです。

藤平　なるほど。

西成　稼働率7〜8割くらいだと、機械に無理をさせないのでメンテナンスの頻度は少なくできます。残りの2〜3割の時間を使って、計画的にメンテナンスを実施することができますし、急なトラブルに対処する余裕もできる。

藤平　長い目でみれば、生産効率はむしろ良くなるのですね。

西成　はい。「特急品」や「試作品」に対応しやすいというメリットもあります。特急品というのは「一刻も早く納品して欲しい」という依頼を指す、業界用語です。部品などをつくる工場では日常的にあることですが、こうした要望にも、2割の余裕があれば、柔軟に応えられる。その意味でも、効率は良くなるといえます。

藤平　人員の配置でも同じことがありますよね。全員が100％頑張ることでまわっている現場は、誰か一人でも倒れたら全体が止まってしまいます。人員に余裕をもたせることで結果的に全体最適となる。その良い加減が8割くらいということでしょうか。

西成　そうですね。工場の調査では、7割から8割がベストでした。「腹八分目」という言葉がありますが、あれと同じです。詳しくは知りませんが、これはおそらく毎食100％、満腹になるまで食べるのは長い目でみると身体に良くない、ということだと思うのです。あえて80％の満腹度にしておくことで、健康が維持され、長く食事を楽しむことができる。つまり、トータルで良くなる。

この「長期的な視野」は、わたしのもっとも重要な研究テーマの一つです。

誤解は、コミュニケーションの渋滞

藤平　人と人のやり取り、つまりコミュニケーションにおいても、渋滞の観点から研究しておられますね。その着想はどこから来たのでしょうか。

西成　最近でこそ「働き方改革」が叫ばれるようになりましたが、そのずっと前から注目してきたポイントです。企業の業務改善について、わたしは「業務の渋滞」という観点からみてきました。先ほどの生産ラインのスケジュール管理も、その一環です。ところが、実際の現場でもっとも多い相談は、社内のコミュニケーションの問題だったのです。

藤平　組織には多くの人が関わっていますからね。

西成　ええ。組織では、日々、膨大な言葉や情報がやり取りされています。そこでは、どうしても誤解や曲解が起こってしまいます。当然、そうしたことが起きないように工夫するわけですが、そうすると、今度はそのための時間や手間といったコストがどんどん大きくなる。規模の大きな組織ほど、このコストは甚大です。「何とか分析できませんか」という依頼を受けて、官庁や病院の事例を分析することになりました。そのときにひらめいたのが「誤解とはコミュニケーションの渋滞である」という観点です。

藤平　詳しく教えていただけますか。

西成　はい。言葉のやり取りをしていると、誤解は日常的に発生します。言い間違いや聞き違い、勘違いや思い込みなど、その原因はさまざまで、たいていは些細なものです。しかし、それが積み重なるとコミュニケーションという流れが渋滞してしまうのではないか、と考えました。

藤平　ああ、それが「渋滞学」に続いて西成先生が提唱された「誤解学」ですね。

西成　そうです。5年ほど、このテーマを真剣に研究しました。まずは、できるだけ具体的に、たとえば病院で実際に起きた医療ミスの事例を集める。そこから「なぜミスが起きたか」を分析し、原因を絞っていく。わかったのは、情報を「伝える側」「受け取る側」どちらも悪いということでした。コミュニケーションにおいて誤解が生じるとき、伝える側にとっての最大の原因は「省略」です。他方の受け取る側にとっては「先入観」でした。この両者のかけ算によって誤解が生まれ、問題が起きていたのです。

藤平　なるほど。

西成　とはいえ、人間同士のコミュニケーションにおいて、一方が意図している内容を完璧に伝えることなど不可能です。

藤平　そうですよね。

西成　長年連れ添った仲のいい夫婦であっても、言葉ですべてが伝わることは絶対にありません。伝える側は必ずどこかを省略しますし、受け取る側は省略された部分を先入観で補います。

藤平　違う人間である以上、仕方のないことですね。

西成　はい。誤解が生じるのはどうしようもない、仕方のないことなのです。ですから「誤解は必ず起こる。完全に防ぐことはできない」ということを前提に、それが重大な事故を引き起こすレベルの渋滞にならない方法を構築するしかない、ということがわかりました。それと同時に、わたしは、あらためて不思議になったのです。「そもそも、どうして誤解があるのだろう」と。

藤平　考えてみれば、不思議ですね。

西成　わたしの結論は「誤解は、多様性をつくり出すためにある」というものです。多様性のない社会はやがて滅びる運命にある、と学校で習いますね。進化の過程をみてもそれは明らかですし、現代社会においても同じだと思います。もし、一人のトップの意見に全員が100%従う組織があったら、絶対に上手《うま》くいきません。その意見に反対する人、まったく違う視点から意見を出す人、独自の観点から批評する人、そういう多様性があるからこそ組織は発展する。そこで「誤解は多様性を生み出すための装置」だと考えたのです。

藤平　実に面白い見方ですね。誤解の元となる「省略」と「先入観」によって、新たなもの、多様なものが生み出されるということですか。

西成　はい。これをひらめいたので『誤解学』（新潮選書、2014年刊）という本を書きました。

藤平　誤解を防ぐうえでもっとも重要なのは「確認」だと思います。確認不足についてはどのようにお考えですか？

西成　確認が不足してしまうのも、多くの場合は「きっとこうだろう」という先入観からです。しかし、先入観を完全になくすことはできません。病院で分析をしていたときは、たった一つ「自分が聞いたことを、その場で口に一度出す」ことをルール化するだけで、伝達ミスが大きく減ることがわかりました。

藤平　確認の重要性を説くよりも、習慣づけが重要ということですね。

「心身分離」が行き違いを生む

藤平　ある大手百貨店で研修指導をした際に、わたしも同様の相談を受けたことがあります。とにかく現場で「行き違いによるトラブルが多い」というのです。社内の行き違いもさることながら、深刻なのはお客様との行き違いでした。

西成　企業としては、死活問題ですね。

藤平　はい。その解決のために「氣」の研修が導入されたのですが、現場で実際にお会いする社員のみなさんは、基本的に優秀な人たちばかりでした。ただ、百貨店の業績が著しく下がっていた時期で、その前の年に人員削減があったのです。つまり、一人一人の業務の量が増えていました。

西成　ゆとりがなくなっていたわけですね。

藤平　トラブルの原因はとてもシンプルで、一つ一つのことにしっかり心を向けていなかったのです。心と身体は本来一つのもので、心をしっかり目標に向けて身体を使うのが自然です。これを「心身一如」といいますが、その反対で「心身分離」が常態化していたのです。

西成　忙しくなると、そうなりやすいですね。

藤平　「一つ一つのことに心をしっかり向けましょう」という教えは、小学生でもわかる当たり前のことですが、当たり前のことができていないことが問題なのです。その研修では、悪い例として「心身分離のコミュニケーション」を具体的にデモンストレーションで示しながら、みなさんに体験していただきました。
西成　自分たちがやっていることを客観的にみる機会を設けたわけですね。
藤平　はい。研修後、行き違いは劇的に少なくなりました。もちろん、先ほどの西成先生のお話のとおり、行き過ぎた人員削減でまったくゆとりがない状況では、上手くいかなかったかもしれません。しかし、この百貨店では幸い、たいへん大きな成果が出て、喜んでいただけました。こういった深刻な問題も、原因を突き詰めていけば、身近でシンプルなものですよね。
西成　本当にそうですね。つい先日、ある著名な経営学の先生と食事をご一緒する機会がありました。世界経済の動向や、世界的大企業の経営のことなど、興味深いお話をたくさんうかがったのですが、ふと表情を曇らせ、「このあいだ、妻に怒られたんだよ」とこぼされた。意外だったので「どうしたのですか？」と聞くと「妻の質問に生返事をしてしまったんだよ……」といわれるのです（笑）。
藤平　この場合は、家庭内における死活問題ですね（笑）。
西成　まさに。奥さんの話を無視していたわけではなく、一応聞いてはいたそうです。

でも、先生の頭のなかは世界経済や国の未来のことでいっぱいですから「ふんふん」という感じで適当な返事をしてしまった。それで、ものすごい剣幕で奥さんが怒り出したのだそうです。

藤平　それは間違いなく「心身分離」ですね。

渋滞学と氣の滞り

西成　今の例でいえば「心を向ける」ということが重要だと思います。稽古では何度も教えていただいていることですが、あらためて「氣」と「心」はどういう関係にあるのでしょうか。

藤平　簡潔に申しますと「氣」が通《かよ》っているとき、「心」を自在に使うことができます。いい換えれば「氣」が滞っているときは、「心」を自在に使うことができません。先ほどの百貨店でいえば、社員のみなさんのモチベーションは高く、職場には氣が通っていました。心の使い方が雑になっていたことが原因なので、心身一如のコミュニケーションを心がけるだけで改善できたのです。

西成　問題は「氣が滞っている」場合ですね。

藤平　そうなのです。氣が滞っているときは心を自在に使えません。この場合は、いくら「心をしっかり目標に向けましょう」と伝えても、まったく機能しません。氣の滞りには必ず原因がありますから、時間をかけて原因を突き止め、解決していく必要があります。ここで、西成先生の渋滞学から大きなヒントをいただいたのです。

西成　どういうことですか。

藤平　「万物は渋滞する」の言葉通り、流れのあるものは滞りがあるわけですね。氣も流れである以上は、氣の滞りには渋滞と同じ性質があると考えたのです。

西成　なるほど。滞りに共通する性質がありそうですね。

藤平　とくに、大きな氣の滞りが生じたときに、それを感じます。高速道路の自然渋滞はいきなり発生するわけではなく、最初は小さな渋滞が生じて、それが伝播して大きな渋滞になっていくのですよね。

西成　そのとおりです。ということは、大きな氣の滞りもいきなり生じるわけではないということですか？

藤平　はい。大きな氣の滞りが生じているときは、直接的な原因を探してもみつからないことが多いのです。むしろ、その始まりとなる小さな氣の滞りを探すことで、問題解決できる。これが現場での実践・検証でわかりました。

西成　その意味では、完全に一緒ではないでしょうか。高速道路の渋滞でいえば、まず車間距離の詰まった車の列があちこちにできる。これが始まりです。その車間距離の詰まった地点に、誰かが割り込んだり、ブレーキを踏んだりすると、あっという間にその遅れが後ろに伝わって、一瞬のうちに大きな渋滞になってしまいます。

藤平　やはりそうなのですね。小さな氣の滞りは「予定していたとおりに進まない」「いつもの電車に乗り遅れた」「誰かに悪口をいわれた」といった些細なことから生じます。その瞬間に自覚を持って解決すれば良いのですが、そのままにしておくと氣の滞りが連鎖して、大きな氣の滞りになってしまうのです。

西成　まるで同じですね。しかし、小さな氣の滞りを自覚するのは簡単ではなさそうです。

藤平　そうですね。だから、心身統一合氣道では技を通じて、氣が通っている状態、氣が滞っている状態を正しく認識できるように稽古するのです。

カイゼンの現場でもっとも大事なのは「氣」

藤平　西成先生の「カイゼン」（注：現場の作業者が中心となり、工場などの生産現場の作業効率、安全性を改善する活動のこと。トヨタの試みが有名）の師匠にあたる先生も「氣」について言及されているそうですね。

西成　山田日登志《やまだひとし》先生ですね。トヨタをはじめ、ソニーやキヤノンなど、さまざまな企業の工場現場の生産効率化に尽力なさった方です。

藤平　どういう経緯で師事されることになったのですか。

西成　わたしが『渋滞学』（新潮選書、２００６年刊）を出したとき、山田先生がいち早く注目してくださったのです。「あなたの渋滞学は、絶対、経営改善に使える」といっていただき、長年培った経営コンサルタントのノウハウを惜しみなく教えてくださいました。普通ならば、誰にも絶対に教えないプロの技、奥義のようなものまで、5年くらいかけて伝えてくださったのです。「あなたならきっとモノにできる。さらに深く研究して社会に役立てて欲しい」といわれていました。

藤平　世の中のために、ということだったのですね。

西成　80歳になられた現在も、山田先生は追究を続けておられます。数年前にも、ある工場のカイゼンの現場でご一緒したのですが、そのとき「カイゼンでいちばん大事なのは氣だ！」といわれたのです。

藤平　そうなのですか！

西成　わたしも驚きましたが、まわりの人たちはもっと驚いていました。もしかすると「とうとう先生はあちら側にいってしまわれたのか」と思った人もいたかもしれません（笑）。

藤平　普通はそうなりますよね（笑）。

西成　もちろん、そんなことはなくて、山田先生は何かを感じておられたのだと思います。それを「氣」という言葉で表現なさったのでしょう。
　実は、現場の作業員にも、同様に「氣」という言葉でしか表現しようのないものを感じ取っている人がいたのです。その工場では、ときどき不良品が出ることがありました。通常であれば、各作業員が自分の担当する工程をしっかり確認して、ミスが出ないようにするところです。ところが、その人は「工場内で聞こえる音がいつもと違う」ことに氣がつくのです。自分の関わる工程ではないところから、いつもと違う音がする。実際、そこを見直すことで不良品が出なくなるのです。
藤平　工場全体の流れをみて、滞りに氣がつく方なのですね。
西成　はい。30年以上も現場にいる方なので、おそらく、どこからどんな音がするのか、耳に染み付いているのでしょう。だから「何かが違うぞ」という違和感をキャッチできる。自分の作業に集中しながらも、全体に広がる感覚を持っているのだと思います。
藤平　なるほど。
西成　それで「山田先生のおっしゃっていたのは、これだ！」と思ったのです。

藤平　違和感をキャッチするのは「氣」ということですね。

西成　はい。実際にその方が「音からして、あの工程がおかしいんじゃないか」というので、そこを直したら不良品の問題はきれいに解消しました。そのおかげで、すべての工程を見直す必要はありませんでした。通常の現場ではこういう解決はできません。山田先生のお考えはもっと深いかもしれませんが、わたしはこの一件で「氣」というものに深く関心を持ったのです。

氣が出ているときは「広い」感覚

西成　ある講演で、張富士夫《ちょうふじお》さん（元トヨタ自動車株式会社名誉会長）が、ご自身の現場時代のお話をなさったことがあります。めったに聞ける話ではないので、わたしも参加させていただきました。張さんは、有名な「トヨタ生産方式」を確立した大野耐一《おおのたいいち》さん（元トヨタ自動車工業副社長）から直接指導を受けています。その当時の体験を語ってくださったのですが、本当に素晴らしい内容でした。

藤平　どのようなお話だったのですか。

西成　ある日「カイゼンの極意を教える」といわれて付いていくと、目的地は豊田自動織機の工場でした。そこで「目を閉じなさい」と命じられたそうです。ワケもわからず、張さんはいわれるままに目を閉じました。そうしたら「その状態で、この工場の悪いところをみつけなさい」といわれたのだそうです。

藤平　禅問答のようですね。

西成　普通であれば「どういうこと？」と思いますよね。張さんも最初はどうしたらいいかまったくわからなかったそうです。すると今度は、「この工場にはたくさんの機械がある。その音が聞こえるだろう」といわれた。「音がするのは、機械が作動しているときだ。音がしないのは、機械が作動していないときだ。だから音がしていない時間はそのぶんだけ無駄があり、稼働率を上げる余地がある。目を閉じても、それはわかるはずだ」というわけです。本質を突いた言葉だと思います。

藤平　なるほど。

西成　極端な例を挙げれば、ハンマーで金属を打つのも同じことです。打っている瞬間は仕事がおこなわれています。しかし、ハンマーを振り上げ、振り下ろす動作の時間、つまり音のしない時間に無駄がある。これを削る努力をするのが、トヨタの使命だと教えたわけです。

藤平　そういった流れの滞りは、頭で考えて分析するのではなく、全身で感じ取るものだということですね。

西成　はい。だからこそ「目を閉じろ」といったのでしょう。

藤平　このお話でわたしが思うのは、やはり「氣」のことです。氣が通っているとき、氣が出ているときは、「広い」感覚になっています。また、五感いずれかではなく、全身で感じ取っています。

西成　ああ！　同じ状態ですね。

藤平　ところが、氣が滞っていると「狭い」感覚に陥ります。心身統一合氣道の稽古では、技をするとき「相手を投げよう」という意識になると、とたんに狭い感覚になるでしょう。

西成　日頃の稽古で、それは痛いほど体感しています。狭い感覚に陥ると、全体最適ではなく部分最適（注：経営学用語でシステムや組織の一部のみが最適化された状態であることを意味する。対義語は「全体最適」）で相手をみるようになりますね。

藤平　技でいえば、自分の都合ばかり考えて、相手が何をしたいかがまったくみえなくなっている状態です。氣が出ていれば広い感覚を保ち、相手の状態をよく理解できます。その結果として、導き投げることができるのです。

西成　狭い感覚のときは、当然のことながら相対化もできませんから、やはり氣というものが土台にあるのでしょうね。

氣が出ているから氣がつく

藤平　そもそも「氣がつく」という現象は、ものごとを広くとらえているときに生じるとわたしは思うのです。全体最適ではなく部分最適に陥ると、氣がつけない。氣が通っているからこそ、小さな異変に氣がついたり、通常はみえない無駄に氣がついたりできるのではないでしょうか。

西成　そう思います。それと関連した話で、以前わたしはドイツで死にかけたことがあるのです。

藤平　何があったのですか⁉

西成　知人の運転でドライブしていたのですが、知人が「いつもと音が違う」といい出しました。変な煙が出ているわけではないし、みた感じではまったく異常はありません。走りも順調です。けれども、知人はどうしても氣になる様子で「やっぱりおかしい」と、近くのガソリンスタンドに停めて詳しく調べてもらいました。すると、なんと車輪をつなぐシャフトにヒビが入って折れかかっていたのです。もし、あのまま走っていたら、突然折れて大惨事になっていたことでしょう。知人が氣づいたのは、おそらくヒビによる回転音の変化だったのだと思います。

藤平　それは命拾いされましたね。もし、大音量で音楽でもかけていたら、異変には氣がつかなかったでしょう。

西成　そうでしょうね。
藤平　そのお話で思い出しました。藤平光一は生前「車に乗るときは、些細なことも見逃すな」といっていました。これも大切な教えだったのですね。
西成　そうですね。シャフトの異変に氣がついたのも、やはり「氣」だと思います。特別な注意を払っているわけではないのに氣がつくのは、やはり「広い感覚」があるからでしょう。
藤平　藤平光一は、戦地での体験を通じて、氣が通っている状態、すなわち広い感覚を保つことを会得したといいます。戦地では、些細なことを見逃しただけで生命に関わりますから……。
西成　わたしは今「群集マネジメント研究会」（注：混雑の緩和と群集の安全な誘導について研究するため、東京大学と民間企業9社が設立した研究会）の発起人を務めているのですが、まさに最近そういうお話をしてきたのです。
「群集事故」という言葉がありますよね。コントロールされていない人の集団が突発的に起こす事故のことで、いわゆるパニック状態などが引き金になることが知られています。その原因は「なんでもない些細なこと」が多いのです。それが重なると、大惨事が起こることがある。これは「ノックオン効果」と呼ばれています。

藤平　そうなのですか。

西成　過去、実際に海外の空港で起きた事例ですが、最初の異変は「スタッフの入館証をチェックする機械が故障した」ことでした。トイレも一部使えなくなり、また少し寒い日でしたが、エアコンの調子も悪かった。これら一つ一つはいずれも起こりうることで、それほど珍しいことではありません。スタッフがなかなか空港に入れないので、搭乗客が手続きのために長い列をつくり、イライラしはじめたところで、今度はエレベーターが不調になった。たちまち1階全体に大勢の人が滞留する状態になり、結局この日は60便以上が欠航し、三万人以上が出発できなくなってしまったのです。

藤平　小さな滞りが、大きな滞りになった最たる例ですね。

西成　ちょっとしたミスも、それが重なると、足し算ではなくかけ算になってしまう。あっという間に状況が一変することがあるのです。

藤平　しかも、この場合は「群集」であることがポイントで、人の数がかけ算の結果をさらに大きくしてしまうわけですね。

西成　おっしゃるとおりです。それにもかかわらず、これまでの対策では、大きな異変にばかり注目して、それを除こうとしていたのです。そうではなくて、見逃しやすい小さな綻びにこそ注目し、それが重ならないようにすることが大切ではないか。そういう発表を今しているところなのです。実際に群集事故のほとんどは、このパターンで起きています。

藤平　テロのように、特別な人が特別な行動を起こすのを防ぐ観点とは正反対のアプローチですね。

西成　そういうこともちろんあるのですが、件数としてはごく少数です。例外的なものといっていい。大事故の大半は、些細な綻びが重なって起きています。群集事故の場合、いったん大勢の人が滞留して身動きがとれない状態になってしまったら、それを解消するのはかなり大変なのです。

藤平　その構造は、インターネットに出回るフェイクニュースにも似ていますね。最初は誰かが投稿した小さなデマや偏った情報が、やがて警察や軍隊が出動するような事案に発展する。

西成　そうですね。そうした事態になる前の、小さな異変や滞りにこそ注目しなくてはいけない。その時点なら、対処することもできるのです。小さくとも、実際、氣がつく人は氣がつきます。「これはもしや」「様子がおかしい」などと、鋭い勘のようなもので見抜ける人が現場にはいます。そういう人を大事にしないといけません。

藤平　そういう人が、一人でもいるかどうかで大違いですね。

西成　わたしの大好きな映画に『ジャッカルの日』という作品があります。ド・ゴール大統領の身辺警護をするために、腕利きの刑事が通りを歩きながら周辺の状況を確認しているとき、あるアパートの最上階の窓が一つだけ開いていた。「あそこだ！」と違和感をキャッチするシーンがあるのです。街全体のなかで、たった一カ所の窓の異変がわかるかどうか。そういうことが求められているのです。

藤平　「すべての異変を見逃さないように」とあらゆる部分に注意を向けようとしたら、結果として、狭い感覚になってしまい、氣がつけないでしょうね。広い感覚で全体をみているから異変にも氣がつくのでしょう。

会話でも同じことがありますね。いつもどおり話しているだけなのに「あれ?」と違和感を覚える。何が違うかまではははっきりとはわからない。言葉にもできない。けれども、たしかに「いつもと何かが違う」と感じる。

西成　そういうことはありますね。

藤平　それで「どうかしましたか」とたずねてみると「実は……」となったりする。小さな氣の滞りをキャッチできるかということです。

西成　わたしがこの10年ほどレッスンを受けているオペラの先生にも、そういう鋭さがあります。ほんの少し歌っただけで「寝不足ですね」「体調を崩しておられるのではないですか」と、すぐ氣がつくのです。先生によれば「声に出ている」とおっしゃいます。いろいろとお見通しなのです。

「定義する」ことの大切さ

藤平　こうしてお話ししていると、あらためて、渋滞学の汎用性に驚かされます。

西成　ありがとうございます。他にもいろいろありますが、昨年はセルロース分解酵素についての論文を書きました。近年、新しいエネルギー源として注目されているバイオエタノールは、セルロース、つまり植物繊維を分解してつくります。生産性を上げようと、セルロースをたくさん分解して、できるだけ多くのバイオエタノールをつくる研究が世界中でおこなわれているのです。ところが、分解酵素の量が多すぎると、動きが悪くなって、反応が悪くなってしまうことがある。この現象を分解酵素の「渋滞」ととらえ、解消させるための研究を農学部の先生と一緒に研究したのです。

藤平　なんとバイオサイエンスにまで！

西成　はい。感性の鋭い農学部の先生が「わたしが研究しているテーマは、西成先生の渋滞学の考え方で説明できると思います。一緒に研究しませんか」といってくださったことがきっかけです。そのおかげで、農学の分野でも論文を書くことができました。光栄なことに、アメリカ物理学会が発行する、非常に権威の高い学術雑誌『フィジカル・レビュー』の速報誌「Physical Review Letters」に掲載されました。自分一人では決してできなかったことです。

藤平　渋滞学がこれほど広い範囲で応用され、大きな成果を上げているのは、やはり、最初の段階で渋滞を科学的に「定義」できたからですね。

西成　そのとおりです。定義さえあれば、あとはそれを適用するだけでいい。車も人もアリもセルロースも全部一緒に扱えるのです。

藤平　渋滞学の核である「渋滞の定義」はどのように生み出されたのでしょうか。もちろん相対化の成果だと思いますが……。

西成　とりわけ大きいのは、やはり数学です。わたしも最初は、カタい数学を勉強していました。世の中に、数学嫌いの人が多い理由は、つまらないからです。

藤平　大丈夫ですか。先生がそんなことをおっしゃって……。

西成　事実ですから（笑）。数学がつまらない理由は、教科書の最初にいきなり定義が書いてあるからです。定義なんて、読んでもちっとも面白くないでしょう。読む側としては、もっと具体的な事例で、ワクワクする内容を読みたいところです。けれども、そうではないから、教科書を開いた瞬間にみな目が死んでいくのです。

藤平　ははは（笑）。

西成　でも「実は、それはすごいことだ」と、あるとき氣がついたのです。数学には「定義」という土台がある。だから、どんどん上に積み上げて、はるか遠いところまで見通すことができるのです。定義のないものは、しっかりした土台がないので積み上げることができません。面白そうなものをいくら詰め込んでも、それは一時的なもので「観光」にしかなりません。学問は観光ではなく、世界を広く見通して描いていくものです。そのためには、たとえつまらなくとも、しっかりとした土台である定義を学び、一つずつ積み上げていくしかない。まさに修行です。「数学を学ぶのは修行である」、そういう感覚があったのです。

藤平　なるほど。

西成　ですから、渋滞というテーマに取り組もうと思ったとき「そういえば渋滞の定義はどうなっているのだろう」と考えたのは、わたしにとってはごく自然なことでした。

藤平　そういう考えでいらしたのですね。

西成　それでいろいろと渋滞の定義を調べてみたのですが、はっきりしない。周囲の人に聞くと「車が混んでいる状態だろう」「ほとんどの車が止まっている状態じゃないか」という。「混む」とか「ほとんど」という表現は曖昧です。それで、首都高速道路株式会社に、子どものフリをして「渋滞ってなんですか？」と電話をかけました（笑）。そうしたら「時速20キロ以下で走っていることですよ」と答えてくれた。ところがＮＥＸＣＯ中日本は「時速40キロ以下で走っている状態」というのです。警察の回答も違っていて、ようするに「渋滞には共通する定義がない」ことがわかったのです。

藤平　「渋滞」に関して、何となくの理解だったのですね。

西成　ええ。「渋滞が問題だ」「渋滞を解消しましょう」といいつつ、プロでも明確な定義がなかった。それで、わたしのなかにある数学者のＤＮＡが「まずは、きちんとした定義をつくろう」と決意させたのです。そして、この「定義を考える」ということ自体が、渋滞学研究におけるブレイクスルーになりました。

藤平　定義することは、もっとも重要なのですね。

西成　そのとおりです。「渋滞している」という表現は、日常用語の一つでしょう。このように日常的に使っている概念は、みんなわかったようなつもりになっているので、思考停止しやすいのです。「渋滞しているか」「渋滞していないか」なんて、誰でもみればすぐわかる。だからこそ、誰もきちんと考えてこなかったのです。

藤平　たしかに、そうですね。

西成　それで、高速道路の場合は「1キロに25台、車間40メートルまではスムーズである。それよりも混むと渋滞になる」と定義しました。

藤平　人の混雑についてはいかがですか。

西成　「混雑」も同じです。「今日は混んでいたなあ」「意外にすいているなあ」なんて氣軽にいうけど、具体的に「混雑している」「混雑していない」の境目を答えられる人は誰もいませんでした。そこで、わたしは「人口密度で1平方メートルあたり1・8人以上が混雑である」と定義したのです。これも、人の流れの観点から、数学的に証明できます。そして、この定義があることで「1平方メートルあたりの人口が1・8人」が臨界点だから、それ以下にするにはどうすればいいか、と考えることも可能になる。これによって「群集マネジメント」という研究もできるようになりました。

藤平　なるほど。

西成　定義は非常に重要です。そもそも「渋滞を解消するにはどうすればいいか」というのは、車が普及して以来、世界中の人たちが長年考え続けてきた課題でした。でも、定義が曖昧だったので、漠然とした議論しかできなかったのです。ここに定義を持ち込んだだけで「どれくらい減らすべきか」を具体的に論じられるようになった。これこそ理系的発想なのだろうと思います。

藤平　定義が曖昧なのは「仕事の効率化」も同じですね。

西成　そうですね。「効率的にできている」「効率的にできていない」の境目が曖昧なままでは困ります。効率的に働けているかどうかは、個人の能力によって違うし、上司が変わるだけでも変化するものでしょう。もしかしたら、その日の氣分によって変わることさえあるかもしれません。その基準を定義することによって議論がしやすくなるというのが、わたしの立場です。

「氣」の定義

西成　藤平会長は海外で指導する機会も多いと思います。「氣」の定義について質問が出ることはありませんか？

藤平　海外では毎回出る質問の一つです。日本ではほとんど出ませんが、これは日本人が「氣」という言葉や概念を曖昧でも理解しているからだと思います。

西成　「氣に入る」とか「氣が利く」など、日常の言葉として「氣」は溶け込んでいますね。

藤平　ただ、それこそ「渋滞」と同じで、何となくの理解になりやすいのです。

西成　先代は「氣」をどのように定義されたのですか。

藤平　藤平光一は「無限に小なるものの無限の集まりを総称して氣という」と定義しています。万物は天地の氣より生じており、そして氣は常に通っているのが本来だと説きました。無限に小なるものである以上、物質としてとらえることはできません。その意味では、科学的検証は不可能です。しかし氣の働きにおいては、実践と検証によって普遍性・再現性を確かめることができます。

西成　なるほど、そこは科学と同じ姿勢なのですね。

藤平　はい。藤平光一は、まだ民間人が自由に海外渡航できない１９５３年に、合氣道を普及するためアメリカに渡りました。それこそ「氣」という言葉も概念も知る人は誰もいなかったはずです。当然、氣の定義や働きについて明確に示すことは不可欠だったのだろうと思います。

西成　相手に伝わるように伝えなければいけなかった、ということですね。

藤平　「氣の働き」を、英語では「Ki Principles」といいます。直訳すると「氣の原理」ですが、原理という言葉にはさまざまなイメージがあるようなので、より正確に表現すべく、氣の働きとしています。アメリカで、心身統一合氣道は「Ki Principles を学び、人生に活かす教え」として理解されています。実践哲学として生涯をかけて学ばれる方もたくさんおられます。

西成　先日、お会いした指導者の方も「60年以上続けている」といわれていましたね。

藤平　ええ。氣の働きはさまざまです。先ほどの「氣が通っているとき、心を自在に使うことができる」ことも、「小さな氣の滞りが、大きな氣の滞りを生む」ことも、氣の働きの一つです。そういった働きを理解することで、ものごとをより深く理解できるようになります。

西成　心身統一合氣道では「心《こころ》」と「身体《からだ》」という言葉もよく用いますね。身体には形がありますからまだ良いですが、心には形がないので、人によっては曖昧な理解になりやすいと思います。この点はいかがですか。

藤平「心が身体を動かす」が、心と身体の関係をあらわすのと同時に、心の定義でもあります。身体を動かすものが心です。自分の身体を動かしているのは、自分の心です。傷つけられた細胞が自ら修復するのは、細胞の心です。大自然の運行を司っているのは、大自然の心です。

西成　なるほど。

藤平「心が身体を動かす」のもう一つの意味は、身体の状態を通して心の状態を知ることができるということです。心には形がありませんから、心の状態を正しく把握することは極めて難しい。しかし、心の状態は、必ず身体の状態に何らかの形であらわれているので、それをみることで理解できる。

西成　まさに、心身統一合氣道の稽古そのものですね。心の状態が、姿勢や動作にあらわれるわけですから、自覚がない心の働きもつかめる。

藤平　おっしゃるとおりです。

西成　心身統一合氣道では「自然な姿勢」も大事にしています。自然体といってもいいのでしょうか。これも、人によって、何が自然か、不自然か、曖昧な理解になりやすいと思いますが、いかがお考えですか？

藤平　自然な姿勢についても定義があります。「もっとも楽な姿勢」「もっとも持続する姿勢」「もっともバランスがとれた姿勢」、この三つの条件が満たされる姿勢のことを「自然な姿勢」としています。どれか一つでも満たさなければ、それは不自然な姿勢です。

西成　こうしたことを明確にしておくことは、正しく理解するうえで大事なものだと思います。「氣」にしても、通うものなのか、消費するものなのか、定義によってすべてが変わる。形のないものだからこそ、先代は「最初に定義する」ことをされたのですね。それにしても、先代はどうやってこういった知見を得られたのでしょうか。

藤平　慶應義塾大学の経済学部の出身ですが……。

西成　学部は文系でも、数学や論理に強い方は少なくありません。とくに経済学部では高度な数学を扱うこともあります。しかし、先代の場合は、やはり、海外という厳しい環境で磨かれていったのでしょうね。あの時代に、ものすごいことだと思います。

感覚的なものを「伝える」

西成　もう一つすごいと思うのは、「氣」のように形がなく、感覚的なものを確かに伝える指導方法を持っていることです。実は、オペラもものすごく感覚的な世界で、レッスンを受けていると「頭の後ろを開けて！」なんていわれるのです（笑）。

藤平　かなり独特な表現ですね（笑）。

西成　「どういうこと？」と思いますよね。他にも「ドリルで突き刺すように、前に飛ばして」といわれることもあって、とても感覚的な言葉が飛び交う世界なのです。教える側はおそらくその表現で理解できるのでしょう。でも、学ぶ側からみれば「何をどうやればいいの?」と思いながら、必死についていくしかありません。

藤平　結果として「感覚の合う人」を探さなければいけませんね。感覚が合うことなど稀《まれ》でしょうから、良き先生を求めてさまようこともありそうです。

西成　そうなのです。ですから、わたしとしては、もう少しロジカルに解説できてもいいのでは、と思っています。たとえば人体の断面模型を用いて生理学的に説明する。そうすれば少しはわかりやすくなる。とはいえ、歌は奥行きのある世界なので、簡単ではないのかもしれません。ですから、心身統一合氣道の伝え方には、心から感動しています。

藤平　ありがとうございます。「氣」が正しく伝わるためには、体験することが不可欠なので、誰であっても必ず「体験」をしていただきます。体験すると「体感」が得られます。これをいつでも再現できるようになったら「体得」となります。

西成　実践がベースということですね。

藤平　はい。ただし、実践するだけでは「やりっ放し」です。正しく伝わっているかまではわかりません。そのための検証が必要で、それが「氣のテスト」です。氣が通っているときも、氣が滞っているときも、必ず何らかの形で身体の状態にあらわれている。

それを確認するわけです。

西成　身体にあらわれていることを通して、確認できるということですね。

藤平会長に教えていただいたことで最近もっとも印象に残っているのは、「臍下《せいか》の一《いっ》点《てん》」の解説です。激しく動いていると、どうしても意識が上ずってしまい、どうやって臍下の一点を維持したらいいのかわからなかった。そうしたら、先生が一言「臍下の一点を、『点』ではなく『面』でとらえてみませんか」とおっしゃったでしょう。

藤平　ああ、そうでしたね。

西成　臍下の一点は下腹にある無限小の一点ですが、わたしが動けば臍下の一点も一緒に移動します。つまり、臍下の一点は面をつくることになるので、その上に臍下の一点がありさえすれば、どのように動いてもいいことになる。この解説は非常に納得できました。

藤平　臍下の一点を保とうとすると、かえって不自由になることがあるのです。同じ面に臍下の一点があることだけ氣をつけておけば、自由に動くことができます。「不自由」と「自由」では、結果は正反対ですね。

西成　実際にやってみると、そうした説明の一つ一つが腑《ふ》に落ちるのです。藤平会長は、こういった説明をどのように磨いておられるのですか？

藤平「どうしたら相手が良くなるか」と、相手と真剣に向かい合っているときにひらめくのが最初です。もし相手が良くなったら、今度は、同じ説明を異なる対象に指導するときに用いてみます。これを可能な限り繰り返し、すべての人が良くなるようであれば、普遍性と再現性がそなわった「本質的な説明」だと判断します。もし「この人には伝わったのに、あの人には伝わらなかった」という場合は、それはまだ感覚的なものであり、本質的な説明と呼ぶには早いのでしょう。

西成　相田みつをさんの言葉と同じですね。たくさんの言葉のなかから磨き抜かれたものだからこそ、対象を超えて伝わるのですね。

なぜ短期利益を選択してしまうのか

藤平　西成先生の場合は「感覚的」の対極ですね。数学を用いた「証明」という最大の強みがあります。講演ではいつもたいへんな説得力です。

西成　ありがとうございます。たしかに「数式で証明できる」のは揺るぎない強みです。「車間距離をあけたほうが渋滞しない」「電車は一本待ったほうがすいている」といったことを、数学で示せるわけですから反論の余地はありません。こうした事例を数多く知っているので、わたし自身、目先のことを追いかける「短期利益」では絶対に動きません。

藤平　他方で、そうした定理を説明しても、車間距離の例でいえば「わかっているけど、少しでも早く行きたいじゃないですか」と開き直る人も必ずいますね。

西成　そういう人をみると「どうして自ら選んで損をするのだろう」と心の底から思います。

藤平　たしかに。とくに大人には、そういう傾向が強くあります。

西成　そういう人たちには、どのようにお伝えになるのですか。

西成　人間は基本的に損をしたくない生き物ですから、多くの場合「本当に損をする」

とわかれば行動は変わります。

藤平　なるほど。「ちょっとでも得をしたい」ということは、「ちょっとでも損をしたくない」のと裏返しですからね。

西成　そういうことです。長期的な視点や全体的な視点をまったく持たず、ただひたすらに目先の利だけを追いかけ続けるとしたら、「アリ以下」ということでしょう。人間は本来、賢い生き物ですから、必ずできるはずだと信じています。

藤平　少々、耳の痛いお話ですね。

西成　そのためには、子どものころから学んでおくのが一番です。大人になると行動の多くが習慣化して「そうはいってもね」となりやすい。その意味で、これからの教育が果たす役割は大きいと思っています。とくに道徳は大切です。

藤平　西成先生のいわれる道徳には、数学的証明もついていますから。

西成　誰も反論できないですからね。とはいえ、論理的な正しさだけで伝わるとは思っていません。人はロジックだけで動くわけではない。数学で証明されても、やらない人はやらない。ですから「清濁併《あわ》せ呑む」ではありませんが、ときには「こちらのほうが得ですよ」と「理」よりも「利」を説くことも必要でしょうし、実際に得することを目の前でみせることも必要だと思います。

藤平　そうですね。人間には「正しいとわかってはいるけど、やらない」という選択肢がありますからね。

西成　それが人間なのだともいえます。先ほどもお話しした群集マネジメントでは、それも重要なポイントです。「Aが良いのは確かなのに、人はときにBに動くことがある」という視点でマネジメントしなくてはいけない。こういうことには、警察や警備会社など豊富な現場経験のある方々の意見がとても貴重で「理屈はそうだけど、実際はこうなる」ということが大事なのです。

滞りの解消には「出す」ことが重要

藤平　氣の働きの話に戻りたいと思います。氣の働きの一つに「氣を出せば、新たな氣が入ってくる」があります。氣の滞りが生じているときいちばんしてはいけないのは、外界との関わりを閉じて「個」として孤立することです。すると、氣はさらに滞ってしまいます。

西成　「氣を出す」とは具体的にどういうことですか。

藤平　このケースでいえば「外界とのつながりを取り戻すこと」といっていいと思います。精神的に落ち込んでいるときに、信頼している人に話を聞いてもらうだけで元氣になることがありますね。そうしたことが起こるのは、「話す」という行為そのものが「氣を出す」ことであり、それによって新たな氣が補給されるからなのです。

西成　渋滞も一緒で、わたしたちがまず考えるのは「出す」ことです。出さないと入らない。全体をみて、まず「どこから出すか」を考えることが解決の第一歩となります。高速道路なら出口、工場の生産ラインなら最終的にどのくらいのピッチで製品を出荷するかを決め、そのためにはどうしたらいいかと考えていくという手順を踏む。入口から考えはじめると、解決にならないのです。

藤平　氣も流れである以上、やはり、渋滞とよく似た性質を持っていますね。

西成　そう思います。

藤平　呼吸も同じです。息は吐くことによって入ってきます。吐くことが上手な人は、吸うことも上手です。ところが「たくさん吸い込みたい」と、吸うことからはじめると、全然入らないのです。

西成　呼吸も渋滞するのですね。

藤平　はい。心身統一合氣道には「息心《そくしん》の行《ぎょう》」といって、鈴を振りながら一息で息を吐く行があります。全身リラックスして、出し惜しみなく息を吐き出すと、次の瞬間には自然に吸えているのがわかるのです。実際にやってみませんか。

西成　（ハッと吐いてみる）ああ、たしかにそうですね。

藤平　息心の行はこれを1時間、多いときは1日に何回もそれを繰り返すものです。なかにはペース配分のようなことを考え、息を出し惜しみする人が出てきます。本人は得をしているつもりなのでしょうが、適当に息を吐いていると、十分に入ってこなくなるので、間もなく呼吸困難になってしまうのです。

西成　面白いですね。毎回全力で出しているからこそ、入ってくるものも入ってくる。

何だか人生に通じる話で、力の出し惜しみをする人が何も得られないのと、よく似ています。

藤平　本当にそうですね。息心の行は、呼吸を通じて「持っているものを出し切る」訓練なのです。息を吐く際に出す声も鈴の音もとても大きいので、本部道場（注：栃木県にある520畳敷の大道場）でないとなかなかできませんが……。

西成　今度、ぜひやってみたいです！

「出口」で思い出しましたが、車でカーブを曲がるのが上手い人と下手な人がいるでしょう。その違いがどこにあるのか、警察の方々と一緒に分析したことがあるのです。わかったのは、上手な人は、無意識のうちにカーブの出口をみているという事実でした。下手な人は、手前ばかりをみている。それで、車が進むうちに曲がれなくなってしまうというわけです。ですから、「出口をみる」ことは「全体をみる」ことにつながっているのでしょう。

藤平　なるほど！　そういう発想はありませんでした。

西成　ＡＩやロボットの開発で、いまだに難しい課題の一つに、飛んでくるボールをキャッチすることがあります。野球で外野に打ち上げられたフライを、人間は測量や計算をすることなく「だいたいこのあたりかな」とパッと捕れるでしょう。でも、ロボットにはまだこれができません。

藤平　そうなのですか。

西成　放物線を描くボールの軌道は、ニュートンの運動方程式で解くことができます。ところが人間はそんな計算をしなくとも、だいたいの答えがわかる。たいていの人が感覚的にやれてしまう。人間が持つこの感性に、ＡＩはまだまるで追いついていないのです。

藤平　おそらく、人間はボールの軌跡の予想だけでなく、周囲の状況、打者が発している氣といったことを含めて、全体をみているのでしょう。その意味で、人間はものすごく高度なことをしているといえますね。

西成　ええ。とんでもなく高度です。ＡＩをみていると、人間の能力のとてつもなさが際立つと思います。「ＡＩは何でもできる」という人がいますけど、どうしてもわたしには信じられません。むしろ、ＡＩが出てきたことで、人間のすごさを目の当たりにすることが増えているように思います。

「流れ」を滞らせない

藤平　こうして西成先生とお話ししていると、すべてが土台でつながっていると感じます。

西成　わたしもそう感じています。わたしの研究テーマである「流れ」でいうと、藤平会長の技や説明には、常に淀みのない流れがあると感じるのです。渋滞を起こさない何かがある。そう思わずにはいられません。

日常のワンシーンでも、流れを尊重できる人と、尊重できない人がいるでしょう。たとえば、街にあるエスカレーターをみていると、そこまで歩いてきた流れでスムーズにエスカレーターに乗れる人と、手前で一瞬立ち止まってからよいしょと乗る人がいるのに氣づきます。

藤平　たしかに。

西成　これは「流れを読めているか、読めていないか」の違いのような氣がするのです。

藤平　エスカレーターの手前で固まってしまうことで、流れが滞るのではないですか。

西成　そうでしょうね。それに対して、無意識のうちに流れを感じて、自然に乗れる人もいる。そういう人は全体がみえているのだと思います。

藤平　たしかに「部分」をみると「全体」はみえなくなります。実は、わたしより、わたしの妻のほうが流れを読めるときがあるのです。

西成　ご一緒に仕事されていますよね。

藤平　はい。組織ですから意思決定は理事会でおこないますが、わたしが関わる大きな仕事に関しては、妻も加わることがあります。ときにはわたしよりも積極的に進めていくこともあります。

西成　ははは（笑）。

藤平　野球評論家の広岡達朗《ひろおかたつろう》さんから「ロサンゼルス・ドジャースで氣の指導をやってみませんか」と電話をいただいたときもそうでした。たいへんなチャンスであると同時に、本当に成果が出るかは未知数です。しかもアメリカは成果主義の国ですから、成果が見込めなければ、すぐに契約は解除されてしまうでしょう。そういったリスクを考えたとき、先ほどのエスカレーターで立ち止まる人のように、わたしは一瞬立ち止まってしまったのです。ところが、妻は即答で「やらせていただきます」と（笑）。

西成　それはすごい。

藤平　広岡さんは心身統一合氣道の野球界における最大の理解者です。その広岡さんが突然この指導を思いついたわけはありません。何年もかけて準備を進めてこられたのです。そして、その流れが整ったからこそ、お声をかけてくださった。「わたしたちがその流れを止めては『氣』が滞ってしまうでしょう」というのです。ぐうの音も出ませんでした。

西成　たしかに、会社経営や事業運営においては、流れをキャッチすることがもっとも大切なことの一つです。リスクを考え過ぎると、せっかくの良い流れを逃してしまう。奥様には、氣の流れがみえているのですね。

藤平　少なくとも、この件においては、わたしよりはみえていたと思います。わたしは、いきなりメジャーリーグでの指導を進めようとする妻に対して、当初は怒っていましたから……。

西成　わたしも最近、そうした流れを感じたところです。実は、2020年に開催される「東京オリンピック・パラリンピック競技大会」の組織委員会アドバイザーになったのです。渋滞学を研究する身としてはぜひチャレンジしたかったのですが、それまでまったくご縁がありませんでした。通常ならば無理だったと思います。ところが、奇跡のような流れで関わることができたのです。

藤平　どのような流れだったのですか。

西成　渋滞学の考え方に賛同してくださっていたある方が「このような研究をしている学者がいるよ」と、委員会の偉い方にお話をしてくださった。そうしたら、偶然にも、その方がわたしの大学の同級生だったのです。

藤平　ええ！

西成　そのご縁で同級生と話をすることになりました。組織委員会警備局長としてご尽力されていた方なのですが、実は、残念ながらその後、突然亡くなられてしまったのです。ご存知のようにオリンピックには、世界中から大勢の人が集まります。その警備は、警察はもちろん、民間警備会社各社も協力しておこなう一大プロジェクトです。緻密な準備を重ね、いよいよ計画を立てていこうという矢先に、その中心となっておられた方が倒れられた。わたしも大変ショックを受けまして、今後どのように関わったらいいか迷っていたところ「きっと亡くなられた局長も喜びますから、ご協力ください」と関係者に声をかけていただいたのです。そういう経緯があるので、今はオリンピックが最優先マターで、全力で取り組んでいます。こういった流れは計算では絶対に得られません。すべてが流れによるものだと強く感じる出来事でした。

藤平　人の縁はまさに「流れ」なのですね。縁を粗末にする人は、流れを滞らせてしまうということですね。

西成　本当にそう思います。わたしはかなりオープンな性格なので、これまでは悪い人が近づいてくることも結構あったのです。「利用してやろう」というわけですね。ところが、最近はそういう人がまったく近づいてこなくなりました。「そういう流れになった」としかいいようのない不思議な感覚です。もし、そういう人があらわれても「あの人は氣をつけたほうが良いですよ」と誰かが教えてくれたり、近づけないように守ってくれたりするのです。

藤平　「縁」は人が運んでいるから、そうなるのでしょうね。

「長期的な視野」「全体最適」「利他」

藤平　西成研究室には大事なルールが三つあるそうですね。対談の最後に、ぜひご教授いただきたいと思います。

西成　承知しました。この三つの「してはいけない」ルールは、渋滞学をはじめとして、さまざまな研究を経てたどり着いたわたしの結論を明文化したものです。「今さえ良ければいい」「ここさえ良ければいい」「自分さえ良ければいい」の三つで、わたしは「悪魔のつぶやき」と呼んでいます。もし、このどれかの言葉をわたしの前でいったら、西成研では破門です。

藤平　破門になるほど重要、ということですね。

西成　はい。少し解説を加えますと「今さえ良ければいい」というのは、短期的な視野です。「ここさえ良ければいい」は部分最適。そして「自分さえ良ければいい」は利己。わたしのモットーはこの逆で、つまり「長期的な視野」「全体最適」「利他」こそが正しいと考えています。

藤平　どれも陥りやすいから「悪魔のつぶやき」なのですね。

西成　はい。そして、この三つを実践すれば、時間はかかっても必ず成功します。お天道様はちゃんとみている。とはいえ、すべてを完璧に実践することは容易ではありません。みな、どこかでつまずいてしまう。でも、その都度、この三つのルールに立ち返ることが重要なのです。

藤平　この三つのルールは、心身統一合氣道の稽古においても極めて重要だと思います。たとえば「相手を自分の思い通りに動かしたい」という氣持ちは、短期的な視野であり、部分最適であり、そして何より利己です。

西成　そうなのです。お世辞でも何でもなく、藤平会長に投げられると「ありがとう」

といわれているような氣持ちになります。文字通り「導き投げられる」という感覚です。稽古仲間の場合はそうならないことがあり、投げられて痛みを感じるときもあります。本当にまるで違う感覚で、「相手を倒す」という次元のものとはまったく違うことが肌でわかるのです。そして、この感覚は、わたしが考えてきたことにすごく近いことにも驚きました。ですから、技もしっかり身につけたいと思っています。30年くらいかかるかもしれませんが……（笑）。

藤平　藤平光一はよく「投げて喜び、投げられて喜び」といっていました。「投げたから喜び」なのではなく、お互いにとっての喜びだ、ということです。ですから「長期的な視野」「全体最適」「利他」の三つは心身統一合氣道にとっても大事なことだと思います。

西成　心身統一合氣道は「道」ですが、わたしの研究も近ごろは「渋滞学」ではなく「渋滞道」だといわれることがあります。学問は決まったものをやっていくイメージですが、道は永遠で終わりがないからかもしれません。

藤平　わたしは、学んだことを生きることに活かすことが「道」だととらえています。その意味では、たしかに「渋滞道」ですね。もし、渋滞道のマスターがいるとしたら、間違いなく世の中を良くしていく人だと思います。

西成　それは間違いありません。世の中の滞り全般を解消していく人ですから。わたしもまだまだですが、一生かけて取り組んでいきたいと思います。

藤平　終わりのないものに取り組めるのは、本当に幸せなことですね。

西成　「ここが目標」とゴールを設定すると、そこにはたどり着けないものです。もっと先に進むつもりでいると、そこまで行ける。先日、一緒に稽古している金《かな》ケ江《え》悦子《えつこ》さん（2010年のミス・インターナショナル日本代表）とお話しする機会があったのですが「コンテストを目標にしていては獲れない」とおっしゃっていました。ミスになったあと、その先で何をやりたいかがあって、その夢を目標にしている人が獲れる、というわけです。「氣が通る」とは、そういうことかなと思いました。

藤平　お話しすればするほど、興味深い共通点が出てきます。西成先生との対話を通じて、わたし自身がやってきたことを再認識できました。本日は貴重なお話をありがとうございます。

西成　こちらこそ、ありがとうございます。

第4章

生活のなかの氣の滞り

身のまわりにある「渋滞」

「渋滞」といえば、一般的には、車の渋滞や人の混雑を思い浮かべることでしょう。

しかし、西成先生との対談から、渋滞は、わたしたちの身のまわりにもたくさんあることがわかりました。そして「流れ」という観点からものごとをみることで、世の中の滞《とどこお》りを解消することができることもわかりました。


スケジューリングにも渋滞がありました。

隙間なく、可能な限り多くの予定を入れるほうが、たくさんのことをできるような氣がするものです。ところが、実際に予定を詰め込んでしまうと、さまざまな不具合が生じます。急な予定が入って身動きが取れなくなったり、体調がすぐれないのに無理をしてしまい、息切れを起こしたという方もいるかもしれません。これはビジネスパーソンに限らず、多くのみなさんが経験されていることだと思います。

これは、わたしにとっても耳の痛い話でした。

実は、指導予定がビッシリと入っていたところに、本書の原稿の締切が入り、さらにテレビの収録が重なって、渋滞を起こしかけてしまったのです。何とか乗り越えることができましたが、もしこのとき想定外のことが生じたら、対応できなくなっていたかもしれません。西成先生のおかげで、スケジューリングにも渋滞があるという認識を持ちましたので、今後に活かしたいと思っています。

西成先生のお話は多岐にわたりましたが、とくに重要だったのは「部分ではなく全体をみる」ことではないかと思います。

スケジューリングの例でいえば、可能な限り多くの予定を入れる判断をしてしまうのは、一つ一つの予定を「部分」としてみているからかもしれません。

スケジュールの「全体」を見渡せば、そこに流れがあることがわかります。そうすれば、滞りを起こさないように、適切な間隔を取って予定を入れる判断もできるようになるでしょう。さらに、仕事は一人で進めるものではありませんから、周囲との関わりにおいても、流れを考慮する必要があります。

流れをみるからこそものごとは上手《うま》くいく、ということです。

西成先生は、コミュニケーションにおける渋滞にも言及されました。

誤解はコミュニケーションの渋滞であり、伝える側の「省略」と、受け取る側の「先入観」によって生じることが多いとのお話でした。

コミュニケーションを渋滞の観点からみると、たしかにさまざまな発見があります。

その流れを滞らせる要因としてわたしが注目したいのは、「情報が適切なタイミングで伝わらない」というケースです。報告・連絡・相談を怠ることで、情報の流れが滞り、問題が起こる。これは、世の中のあらゆる場面で、頻繁に起こっている問題ではないでしょうか。

報告・連絡・相談を怠る人にその理由をたずねると、たいていは「あとですればいいと思っていました」という答えが返ってきます。単なる言い訳にも聞こえますが、「流れ」がみえていない本人にとっては本音なのかもしれません。つまり、「部分」でとらえているのです。周囲との関わりや前後のつながりといった「全体」がみえていないいため、流れがみえなくなっているのです。

「どのタイミングで伝えるか」という判断には無数の選択肢があります。自分のことしかみえていない状態では、結果として自分の都合が優先されてしまうでしょう。しかし、もし全体でとらえていれば、周囲との関わりや前後のつながりがみえるので、流れを滞らせない適切なタイミングを選ぶことができるのです。

これは遅れる場合に限りません。伝えてはいけないことを、先走って伝えてしまうということも同様に起こります。これもまた、流れがみえないことで適切なタイミングがわからなくなるケースです。

広くとらえているとき、全体をみているので、流れを理解することができます。だからこそ、流れに滞りを生じさせないように進めることができるのです。

「氣の滞り」とは何か

わたしが渋滞学に深い関心を持ったのは、氣にも流れがあるからです。実際のところ、氣の働きは渋滞の性質によく似ているところがあります。

あらためて「氣とは何か」を確認しておきましょう。

氣は、特別な人が持つ、特別な力ではありません。誰もが持っているものです。わたしたちは天地の一部の存在であり、そのつながりによって生きています。そして天地と一体であるとき、氣によってつながりを持ちます。その状態を「氣が通《かよ》っている」といいます。

個として孤立しているとき、そのつながりは弱くなります。その状態を「氣が滞っている」といいます。

したがって、氣が通っているとは特別な状態ではなく、自然な状態であり、本来の姿なのです。

氣が通っているとき、わたしたちは持っている力を発揮することができます。反対に、氣が滞っているときは十分に発揮することができません。それどころか、氣が滞ると、心身の不調やディスコミュニケーションが生じやすくなります。ですから、氣の滞りを自覚し、解消することがもっとも重要なのです。

心身統一合氣道の稽古では、氣の滞りが、姿勢や動作など身体の状態にはっきりとあらわれます。

そのため「氣が滞っている」自覚を得やすいことが特徴の一つです。また「氣のテスト」をおこなうことでも、氣の滞りは把握できます。稽古を通じて、氣の滞った状態を自覚できるようになると、今度は、日常生活での氣の滞りも自覚できるようになっていきます。

稽古がもっとも近道ですが、稽古をしていない方でも取り組む方法があります。

「氣が通っている」のは自然な状態ですから、特別な感覚はありません。

これはちょうど「健康である」ことに似ています。健康なときには、特別な感覚はないものです。だからこそ、健康を疎かに考える人が多いともいえます。

一方で、健康なときには「美味しく感じる」「身も心も軽い」といった実感があるものです。こうした実感は主観的なものですから、それだけで判断することはできません。ただし、自分の状態を知るうえでは大いに参考になるでしょう。これと同じ方法で「氣が通っている」か「氣が滞っている」かどうかを自分で確認することができます。


たとえば、氣が通っているときは、広い感覚（開いた感覚）になっています。また、部分ではなく全体をみているので、周囲のことを感じ取れる状態になっています。身体の面からいえば、全身を一つに用いています。

この状態で、心を向けるべき対象にしっかり向けることが「集中」であり、だからこそ、持っている力を発揮することが可能になるのです。

反対に、氣が滞っているときは、狭い感覚（閉じた感覚）になっています。また、全体ではなく部分をみているので、周囲のことを感じ取ることができません。身体の面からいえば、「手だけ」「上体だけ」といったように身体を部分的に用いています。

この状態だと、心は特定のことにとらわれて「執着」しているため、持っている力を思うように発揮できません。


このように「広くとらえている」「狭くとらえている」、周囲のことを「感じられる」「感じられない」という実感の違いをみるだけでも、氣の滞りは自覚しやすくなります。

実際に確認してみると、１日のなかでも「氣が通っている状態」と「氣が滞っている状態」を繰り返していることに氣がつくはずです。

氣が滞っている状態を自覚できるようになったら、そのまま放置せず、必ず解消してからものごとに臨むようにしましょう。そうすることで、コンスタントに力を発揮できるようになります。

「氣」と「心」、その性質の違い

「氣」と「心」の性質の違いについても、確認しておきましょう。

日本語では「氣」と「心」を同じような意味で用いることがあります。たとえば、「氣配り」と「心配り」には、ほぼ違いがありません。しかし実際には「氣」と「心」は異なる内容を意味しています。

心は「わたしの心」「あなたの心」です。つまり、持ち主があります。

氣は「天地の氣」です。持ち主はありません。

心は、原則的に一つの対象に向けるのが自然な状態です。同時に複数の対象に向けると、心は散漫になります。それは心の性質に反しており、不自然なのです。

氣は、四方八方に通っています。一つのこと、あるいは、特定の対象のみに通うわけではありません。わたしたちが、周囲の氣配を感じ取れるのは、氣が四方八方に通っているからです。氣が滞ると、周囲のことをまったく感じ取れなくなります。

このように「氣」と「心」はまるで性質の違うものです。

これを混同すると、さまざまな不具合が生じます。

心を四方八方へ同時に向けると、散漫になってしまいます。日頃からこういう心の使い方をしていると、あなたは疲労困憊してしまうでしょう。ひどいときには、どこにも心が向かなくなり、「心ここにあらず」の状態になることもあります。

氣を一つのこと、あるいは特定の方向で留めようとすると、氣が滞って心を自在に使えなくなります。これも疲労困憊のもとなのです。

わたしは、このことを内弟子修行で体験しました。

師匠である先代のお供をするときは、身のまわりで起こるあらゆることを察知し、対応しなければいけませんでした。しかし、わたしはこれが上手くできなかったのです。

氣をつかおうとすればするほど、かえって大切なことに氣づくことができず、失敗してしまう。これの繰り返しでした。師匠は、そんなわたしをしばらく放っておきました。自分で原因を考えさせていたのでしょう。そして、あるとき、何氣なく「お前は、氣と心の違いを理解しているか」と聞いたのです。答えられないわたしに、師匠は先述の内容を簡潔に説明しました。このとき、わたしはハッとしたのです。

当時のわたしは、師匠のことばかりをみていました。

正確にいえば、師匠から「どうみられているか」ばかりをみていたのです。氣の観点でいえば「狭くとらえる」状態になっており、氣を滞らせていました。だから、いろいろなことに氣づくことができなかったのです。いつも一歩遅れるので、対応が間に合わないことがたくさんありました。

そのことに氣づいてからは、狭くとらえて師匠だけをみるのではなく、広くとらえて師匠と周囲の関わりまで感じられるように心がけました。すると、それまで氣がつかなかったことに氣がつくようになり、心を自在に使えるようになりました。その結果、適切なタイミングで対応できるようになったのです。

この体験は、わたしに「氣」と「心」の性質の違いを正しく理解させ、当時のわたしと同じような状態に陥っている人たちを導くうえで貴重なものとなっています。

出すことによって滞りは解消する

「何となく調子が悪い」というときがあります。

閉塞感があったり、イライラしたり、やる氣が起きなかったりと状態はさまざまですが、誰しも経験があるのではないでしょうか。原因が思い当たらない場合は、とくに厄介です。そういうときは、ものごとも上手く運びません。

なぜなら、氣が滞っているからです。

氣の働きの一つに「氣が通っているとき、心を自在に使うことができる」があります。いい換えれば、氣が滞っているときは、心を自在に使うことはできません。心の働きが鈍くなることで「何となく調子が悪いな」と感じるのです。

後半の対談でも述べましたが「出せば、入ってくる」という原則があります。

これは氣においても同じで、氣は出すことで新たな氣が入り、活発に通います。反対に「氣を入れよう」とすると、かえって氣は滞ってしまうのです。

「氣を出す」とは、天地とのつながりを確認することであり、その方法はたくさんあります。

もっとも身近なのは「呼吸」です。

呼吸によって、外界とのつながりを確認することができます。深くて静かな呼吸をすることで、氣の滞りが解消していくのです。心身統一合氣道の稽古では「氣の呼吸法」を指導しています。その詳細については、藤平光一の著書『氣の呼吸法―全身に酸素を送り治癒力を高める』(幻冬舎文庫、2008年刊)をご参照いただければ幸いです。

他にも方法はあります。

ある人は、大自然のなかで調子を取り戻しています。

現代人の多くは、スマートフォンに心をとらわれ、狭くとらえることが常態化しています。すると、無意識のうちに、氣が滞ってくるのです。そんなときに大自然に身をおくと、自然に広くとらえる感覚が戻ってきます。閉じた感覚が、開いた感覚に戻っていくのです。それによって、氣の滞りが解消します。

ある人は、人と話をすることで調子を取り戻しています。

信頼する人物との対話は、氣を出すことなのです。言葉を発することで、氣が出て、新たな氣が入り、氣が通います。調子が悪いときは人との関わりを断ちたくなるものですが、孤立すればするほど、氣は滞ってしまうものです。反対の立場からみれば、誰かの話を心から聴くことのできる人は、氣の滞りの解消をサポートしている存在だといえるでしょう。

西成先生は対談で、渋滞を解消するには「出口を考えることだ」といわれました。西成先生がおこなった出口に関する実証実験の映像をみせていただいたことがあります。大きな会場にいる大勢の人たちを、狭い出口から外に出す実験です。みんなが我先にと、一度に出口に殺到すると、途端に身動きが取れなくなります。「順番に出てください」とお願いしても、人数が多いと、やはり出口で詰まってしまう。ここで、あえて出口の手前にポールを置くと、全員が退出するまでの所要時間が短くなるのです。

どうしてそうなるのでしょう。

なにしろ、出口付近のポールは、通行の邪魔にしかみえないのです。実は、それこそがポイントでした。ポールがあることで、自然に出口に殺到できない状況となり、お互いぶつからずに出口から出ていくことができるのです。邪魔なものが、実際には人の流れで生じる滞りを緩和していたのです。

この映像に、わたしは唸ってしまいました。

この発想は、氣の滞りを解消するうえでも、大きなヒントとなります。

やるべきことが山積しているとき、わたしたちは「一度に解決しよう」として、かえって氣を滞らせてしまうことがあります。これは、一刻も早く外に出ようと出口に殺到する群衆と同じではないでしょうか。焦ってしまうことで、滞りを起こしてしまうのです。

こうしたとき、わたしは、自分がするべきことを1枚の紙に書き出し、見渡すようにしています。これは、一つ一つを部分として狭くとらえるのではなく、全体として広くとらえるためです。こうすると流れをつかみ、すべきことに優先順位を決め、一つずつ順番に心を向けやすくなります。ちょうど、列を作って順番に出口から出るのと同じような感覚です。

たったこれだけのことで、氣の滞りが生じるのを予防できます。これは多くのビジネスパーソンも実践する方法です。

とはいえ、会場にいる人があまりにも多く、なおかつ、出口が一つしかないような場合は、ポール一つで渋滞を改善することは難しいでしょう。同じように、スケジュールがあまりに過密であれば、紙に書き出したとしても、滞りを生じることはありえます。

ですから、滞りを起こさないための大前提として、物理的な上限があることも忘れてはいけません。

広くとらえているときの感覚

「広くとらえる」という言葉は、本書で何度も出てくるキーワードです。

それでは、広くとらえるためには、具体的にどうしたらいいのでしょうか。

対談でも述べたとおり、心が静まっているとき、周囲のことをありのままに感じ取ることができます。

「広くとらえよう」と頭で命令する必要はありません。そんなことをしなくても、自然に広くとらえているのです。

反対に、緊張や怒り、焦りなどで心の状態が乱れていると、周囲から得られる情報は著しく減ってしまいます。

探し物をしているときのことを思い出してください。

時間がなく、焦った状態で探していると、たとえ目の前にあっても目に入らないということが起こります。こういうときの探し物は、なかなかみつからないものです。

ところが、時間があるとき、落ち着いた状態で探してみるとどうでしょう。「なんだ、こんなところにあるじゃないか」と、簡単にみつかるものです。

つまり、心の状態が乱れると、無意識のうちに「狭くとらえる」状態になるのです。

心身統一合氣道の稽古で、面白い現象があります。

相手が同じ速さで動いているのに、こちらからは速度がまるで違ってみえるのです。

これは、狭くとらえると、相手の動きが感覚的に速くみえることを体感する稽古です。この場合の「狭くとらえる」とは、攻撃してくる相手の手だけみてしまうようなケースを指しています。こういうときは、対応が間に合わないのです。

この現象は、相手が武器を持っているケースでよく起こります。どうしても武器を目で追ってしまう人が多く、狭くとらえてしまう傾向があるのです。

反対にこちらが広くとらえていると、相手の動きは感覚的にゆっくりみえます。すると、落ち着いて対応することができるのです。

このように、広くとらえているときと、狭くとらえているときでは、感じ方も変わるのです。

ロサンゼルス・ドジャースのキャンプでの指導でも、面白いことがありました。あるピッチャーから「氣を学んでから、制球が格段に良くなりました。キャッチャーも今のほうが力みがなく、球にも勢いがあるといってくれています。ただ、自分ではフォームのスピードが、以前より遅くなっているように感じるのです。他のピッチャーも同じような感想を持っているのですが、こういったことはあるのでしょうか？」という質問が出たのです。

担当していた指導者の機転で、ビデオ解析クルーに投球フォームを撮影していただいて、以前のフォームと比較をしてみることになりました。両者を比べてみたところ、フォームのスピードは変わらなかったのです。つまり、そのピッチャーは、広くとらえることができるようになったため、感覚的にゆっくりに感じるようになったというわけです。これには選手たちも、たいへん驚いたようです。

また、広くとらえているときは、周囲のことを感じられる状態になっています。

反対に、狭くとらえているときは、周囲のことをほとんど感じられません。

アメリカ最大のモータースポーツ団体ＮＡＳＣＡＲ（ナスカー＝全米自動車競争協会）をご存知でしょうか。ここでチームを持ち、監督もなさっている服部《はっとり》茂章《しげあき》さんという方がいらっしゃいます。２０１８年には、日本人チームオーナーとして史上初のＮＡＳＣ

ＡＲ三大カテゴリーの一つで優勝するという、歴史的快挙を成し遂げました。その服部さんが、心身統一合氣道の稽古をしているときに、たいへん興味深いことをおっしゃったのです。

「現役のレーサーだったころは、時速４００キロ近い速度でカーブに突っ込んでいく場面がありました。自分の調子がすごく良いときは、ミラーをほとんどみていなくても、まわりの車の位置が何となくわかるのです。逆に、調子の悪いときは、まわりの動きがまったくわからない。その状態で他の車と一緒にカーブに突っ込んでいくことになるので、恐怖を感じるのです」

稽古で「氣が通っている」状態を確認した服部さんは「調子の良いときの感覚と、とてもよく似ている」ともおっしゃっていました。時速４００キロの世界はわたしには想像することもできませんが、「周囲とのつながりが弱くなるとまわりがみえなくなる」という感覚はたいへんよくわかります。

広くとらえると、地面との関わりがわかる

心身統一合氣道の稽古は、基本的な姿勢を学ぶところから始まります。自分の姿勢が整っていないのに、相手を導き投げることはできないからです。姿勢を整えるとは、特別な姿勢をつくることではありません。対談でも触れたように、自然な姿勢を確認することを指しています。そのなかでももっとも重要なのが「立つ」という基本姿勢です。自然な立ち方があるのです。

木造建築では、「基礎」と「土台」が必要です。日常会話で「基礎が大事」「土台が大事」というときは、どちらも同じような意味で使われています。しかし、建築においては、それぞれ違うものを指しています。基礎は、建物自体の重さや、地震や台風といった外からの力をバランス良く地盤に伝えるための構造部分です。地盤と建物をつなぐ重要な役割を担っています。土台は、その基礎の上に水平に築かれるものです。

基礎には数多くの種類があり、地盤の強さや建物の重さによって、もっとも適切な基礎が選ばれます。建物を建てるには、建物そのものだけではなく、建物と地盤との関わりをみることが当然のことながら重要です。

突然、建物の話をした理由は、人間の姿勢にも「基礎」があるからです。足先まで氣が通うことで、足裏が基礎の役割を果たしています。わたしたちは、固い床に立つときも柔らかい砂浜に立つときも、無意識のうちにバランスを取ることができます。これは、足裏から多くの情報を得て、瞬時に対応しているからです。

足裏から情報を得るには、足先まで氣が通っていなければいけません。足裏がただ地面に着いているだけでは基礎にはならないのです。自分一人の存在ではなく、自分と地面との関わりとしてとらえる必要があります。個の問題として狭くとらえていると、それがわからなくなるのです。たとえば、身体のどの部分をどう使うかだけしか考えていないとしたら、基礎がなく、目にみえる建物の部分だけを考えているに等しいのです。

よくいわれる「体幹」は非常に大事な考え方だと思いますが、わたしは、体幹は土台にあたるもので、基礎があって初めて意味を成すと考えています。

基礎によって建物全体が影響を受けるように、足先によって姿勢全体が影響を受けるということです。広くとらえれば、姿勢とは地面との関わりで決まるものであることが、おわかりいただけたでしょうか。


ちなみに、足先まで氣が通っているかどうかは、とても簡単な方法で確認できます。

つま先立ちをして、その状態で数秒ほど静止します。このときフラフラするようであれば、かかとを下ろしてやり直してください。何度か繰り返すうちに、つま先立ちの動作そのものに慣れてくると思います。

つま先立ちで安定するのを確認したら、静かにかかとを下ろします。

たった、これだけの動作で足先まで氣が通っているのを確認できます。足先まで氣が通っていなければ、つま先立ちで安定することはできません。だから、これだけで確認できるのです。

なお、つま先立ちのときに、足指や両脚に余分な力が入らないように氣をつけてください。どうしても脚に力が入ってしまうという方は、つま先立ちのままで歩いてから静止すると、楽に確認できます。身体に不具合があったり、一人でつま先立ちをするのが難しい場合は、支えとなるものに手を置いて、できる範囲でつま先立ちするだけでも確認することが可能です。いずれの場合も、重要なのは自分の意思でつま先立ちすることです。ハイヒールのように強制的にかかとが上がるものは、効果が見込めません。

先日のことですが、NHK・Eテレの番組『あしたも晴れ！人生レシピ』に出演した際、ベテランロックバンドのメンバーのみなさんに、この「足先まで氣が通う」ことをお伝えしました。ステージでマイクスタンドを自在に回したり、重いギターを持ったりするのが大変だったそうです。

足先まで氣が通い、基礎がしっかりしたことによって、立ち方そのものも、重い物を持つのも楽になったようでした。足先一つでこれほど身体が違ってくることに、たいへん驚いていらっしゃいました。

基礎があるからこそ、土台にも意味があります。そして、土台があるから、全身のバランスが保たれるのです。

その基本は、足先まで氣が通うことにあります。足裏から多くの情報をキャッチすることで、自分の体重や外からの力を自然に地面に伝えることができるのです。

その意味では、これは、地面とのコミュニケーションと表現してもいいかもしれません。

狭くとらえているときは、自分の身体の使い方にしか目がいきません。どういう形で立つかは、建物でいうところの目にみえる構造物にあたります。それも必要なことですが、もっとも重要なのは目にみえない基礎です。姿勢は本来、自分で意識して形をつくるものではなく、地面との関わりによって、自然に決まるものなのです。

広くとらえると氣が切れない

氣は常に通っているものです。氣が切れることは本来ないはずですが、心の使い方によっては、せっかく通っているものが切れてしまうことがあります。

技の稽古をしていると、一つの動作が終わった瞬間に隙だらけになってしまう人がいます。

これは、一つの動作の終わりにゴールを置いているため、そこに到達した瞬間に氣が抜けてしまうことで起こる現象です。その瞬間に何かが生じると、次の行動を取ることができなくなってしまうのです。

これを「氣が切れる」といいます。

休みの日になると、体調が悪くなるという人がいます。もしくは、休みが終わり、学校や会社での日常生活に戻るタイミングで決まって体調が悪くなるという人もいます。

原因はさまざまでしょうが、心のなかで「ここまで」というゴールを置いていることによって起こる場合があります。そこに到達したことで、氣が抜けてしまうのです。休日の例でいえば「休みの始まり」もしくは「休みの終わり」で、氣が切れているというわけです。一度調子を落とすと、元に戻るためには、かなりの時間とエネルギーを要します。できるだけ調子を落とさないこと、つまり「氣が切れない」ことが大切です。

これは「ずっと氣を張っていなければいけない」という意味ではありません。氣が切れないようにすることは、日常のちょっとした工夫で可能です。

たとえば「休日までがんばればいい」と考えている人は、休みに入ったときに体調を崩しがちです。そこで氣が切れてしまうのです。

この場合は、休日の過ごし方を確認しておくことで、氣が切れなくなります。学校や会社にいるあいだ、ずっと休みのことを考えるという意味ではありません。ほんの少し、休日のことに思いを至らせるだけで十分です。

休日中のことばかり考えている人は、学校や会社に戻るときに氣が切れがちです。

こういう場合は、休みが終わり、日常に戻ったときにすべきことを確認しておくことで、氣が切れなくなります。もちろん、休みの日に学校や会社のことを考え続ける必要はありません。それでは、休んだ氣にならないでしょう。ほんの少し、休日後のことに思いを至らせればいいのです。

たったこれだけのことで、調子を落とすことなく、氣が切れるのを予防できます。

わたし自身、休みをとると調子が悪くなることがよくありました。半ばあきらめていたときに、氣を切らないことを教わったのです。実践してみると、自分でも驚くほど調子を落とさなくなりました。当時、わたしは好不調で仕事に波がありましたが、氣が切れることも深く関係していたようです。

一つの技の終わりは、次の技の始まりである。
一つの動作の終わりは、次の動作の始まりである。
一つの行動の終わりは、次の行動の始まりである。

いずれも同じことなのです。

広くとらえるという観点からいえば、「ここまで」という終着点を設けること自体が、狭くとらえることだといえます。そのため、氣が滞ってしまうのです。これを応用すれば、調子を落とすのを予防することができます。ポイントは、終着点をつくらないことです。

たとえば大きな目標を達成する場合を考えてみましょう。

オリンピックやワールドカップのような大きな舞台で目標を達成したあと、ひどいスランプに陥ってしまう選手がいます。そこで氣が切れてしまったからです。高いレベルで戦う選手にとって、ひとたび調子を落とすのは選手生命に関わるほどの重大事でしょう。そこから復調するのは本当に大変なことです。どれほど大きな成果であっても、そこが人生の終わりではありません。その先のことにも心を向け、広くとらえておくことが大切です。それによって、氣の滞りを予防し、氣を切らさないでいられるでしょう。

もちろん、目の前のやるべきことに「集中」するのは当たり前です。しかし、目の前のことしかみえないとしたら、それは「執着」です。氣が滞り、何らかの不調を引き起こすことになります。

「集中」とは、氣が通い、広くとらえたうえで、向けるべき対象に心を100%向けることです。執着ではなく集中することで、持っている力を発揮できるのです。

対談の最後で、西成先生もおっしゃっています。「ここが目標」とゴールを設定してしまったら、そこにはたどり着けないのではないでしょうか。もっと先に進むつもりでいるからこそ、目先のゴールまでいけるのです。

このように「氣が切れない」という観点も、さまざまなことに活用できます。

大きな氣の滞りはいきなり生じない

西成先生によれば、高速道路の自然渋滞は1台の車の減速に端を発するそうです。

その車の後続車が十分な車間距離をとっていなければ、慌ててブレーキを踏んで減速することになります。それがさらに後方の車へと連鎖し、またたく間に大きな渋滞となるのです。

とくに自然渋滞の原因になりやすいのは、勾配4％程度の緩やかな上り坂ということもわかっています。この程度の上りでは、ドライバーが無意識のうちに車を減速させてしまうのです。

西成先生は高速道路で実証実験をおこない、一定の車間距離をとることで自然渋滞が解消されることも明らかにしています。つまり「少しでも早く目的地に着きたい」という自己中心的な心で車間距離を詰めると、結局は自分が損をするということなのです。アリにわかることが人間にわからないとは、何ともいえないものがあります。


道路の渋滞にその始まりがあるように、「氣」の滞りにも始まりがあります。

後半の対談でもお話ししたように、大きな滞りがいきなり生じることは稀《まれ》です。車の渋滞と同じように、はじめはちょっとしたことで小さな滞りが生じ、それが連鎖することによって大きな滞りになっていきます。だからこそ、氣の滞りは小さなうちに解消しておくことが重要です。

氣が滞ることで生じる最大の問題は、視野が狭くなったり、ものごとに執着してしまったり、自分の心を自在に使えなくなることです。

一人の学生を指導していたときのことです。

その学生には、長年一緒に稽古している友だちがいました。あるとき、その友だちから氣にしていることをいわれ、嫌な氣持ちになったといいます。ちょっとした一言で、小さな氣の滞りが生じたのでしょう。すると普段ならまるで氣にならないことまで、氣になるようになってしまいました。氣が滞っているので、その友だちのいうこと、することすべてが嫌になってしまったのです。やがてその友だちを避けるようになり、挨拶もしなくなりました。そしてついに稽古前に「もう一緒に稽古したくありません」と、わたしに告げたのです。

事の経緯は、別の人から、わたしも耳にしていましたが、あえて何も触れず、そのまま稽古をはじめました。心身統一合氣道の稽古は「氣を出す」ことですから、稽古によって氣の滞りが解消することが少なくないのです。

2時間ほどしっかり稽古したあと、この学生はバツが悪そうにわたしのところにやって来て「先ほどはすみませんでした」と謝りました。稽古によって氣の滞りが解消したのでしょう。落ち着きを取り戻したようでした。

わたしは「稽古で氣の滞りがとれたのは良かったと思います。でも、その原因を放置していたら、またすぐに戻ってしまうでしょう。どうしたらいいと思いますか」と学生にたずねました。

学生はしばらく考え、その場で、友だちと直に話をすることを決心してくれたのです。そして、自分が氣になっていたことを冷静に伝えたところ、友だちのほうも自分の意図と違って伝わっていたことを知り、すぐに謝りました。お互いにスッキリしたのでしょう。その後は、何事もなかったかのように稽古するようになったのです。

氣の滞りを起こさないためには、伝えにくいことも伝えなければいけない。

この学生にとって、そのことを学ぶ、大事な人生経験となったようです。

このように、最初は小さな氣の滞りであっても、そのままの状態で放置しておくと、次第に大きな氣の滞りになっていきます。大きな氣の滞りが生じれば、ものごとは上手く運びません。

現代人の生活は、さまざまな人間関係によって成り立っています。そのなかで、氣の滞りがまったく生じないことはありえないでしょう。だからこそ、どんなに小さな氣の滞りでも、そのままにしてはいけないのです。家族、友人、仕事のパートナーなど、大事な人だからこそ、ちょっとした氣の滞りが生じた瞬間に対処することが重要です。

氣の滞りは「間」にあらわれている

一つの動作と一つの動作には「間《ま》」があります。

間とは、流れがもっともスムーズになるために必要な「時間的間隔」「空間的間隔」のことです。

国によって、文化によって、あるいは状況によって、適切な間は変化します。わたしたちの暮らす日本は、間を重要視してきたといえるでしょう。それは「間が悪い」「間が空く」「間が抜ける」など、間にまつわる言葉が多数あることにもあらわれています。

間には形がありません。

感覚的に習得するしかないので、間を身につけることは一般的には難しいとされています。

間がわからず、理解できなくなるのは、一つ一つを部分として「狭くとらえている」ときです。全体を広くとらえ、流れをつかむことができれば、自然にわかります。

武道において間は重要なものです。それは、日常のコミュニケーションにおいても同様です。


西成先生のお話で、氣づいたことがあります。

それは間についてです。間は、高速道路における車間距離に似ているのではないでしょうか。わたしたちが適切な車間距離をとれなくなるのは「自分だけは早く行きたい」という利己や、「少しでも早く着かなければ」という焦りといった心が原因です。そんなときに、前の車が急ブレーキをかければ、まともに影響を受け、流れが滞ることになります。

間を適切にとれないときも同じです。やはり、利己や焦りといった心の働きが生じていることが多いのです。

これを利用すると、通常では発見することの難しい小さな「氣の滞り」を自覚することができます。

つまり、自分の間が適切でないときは、そこに小さな滞りが生じている可能性があるとわかるのです。

これは会話においても応用できます。

会話の間がいつもと違う、という経験は誰もがあるでしょう。そこには必ず「何か」があります。そういった違和感を大事にすることで、氣の滞りが生じていることを見逃さずに済むのです。

アスリートを指導する際も、わたしは「間をみること」をお伝えしています。

いつもと同じ順番で動作をしているのに、ひと呼吸、間が短い。こういうときは、焦りや動揺があることが多いのです。その時点で自身の心の状態に氣づければ、呼吸を静め、心を静めることができます。本番で本来の力を発揮できるというわけです。

コーチの視点からみれば、選手がいつもと異なる間で動いているとしたら、何らかの心の働きが生じて影響を受けているということなのです。

そこで一声かけるなどの対応をとることで、選手の心の状態をリセットすることができます。

氣の滞りは、氣の滞りやすい人に伝播しやすい

氣の滞りやすい人がいます。

そういう人は、周囲の影響を受けやすい状態になっています。

氣の滞りは、本人だけでなく、周囲の人に伝播することがあり、多くの場合、氣が滞りやすい人に伝播します。

先述したように、自分のなかで生じた小さな氣の滞りが、さらに大きな氣の滞りを生

むことがあります。氣の滞りの伝播は、このケースとは異なります。すでにある氣の滞りが、人と人との間で互いに影響を及ぼし合ってしまうのです。

とくに影響力のある立場の人が氣が滞った状態に陥ったときは、注意したほうがいいでしょう。その滞りが、周囲の「氣の滞りやすい人」に伝播してしまうことがあるからです。

心身統一合氣道を学んでいる、ある若手経営者のお話です。

この方には、お世話になった人物がおり、心から信頼していたといいます。ところが、ある一件で、その人にひどく裏切られてしまったのです。信じていたぶんだけショックは大きく、心に深い傷が残りました。何度も思い出してはその都度苦しい氣持ちになるほどで、大きな氣の滞りとなってしまったのです。

あるとき、わたしに、この思いを打ち明けてくださいました。

この方は、ご自分の氣の滞りを自覚していたようです。しかし、頭では理解できても「どうしても許すことはできません」と思いを手放せないようでした。

わたしは「誰のために許すのですか?」とたずねました。

その方は「許すのに『誰のため』ということがあるのでしょうか」と、質問の意味がよくわからないようでした。

もちろん、わたしにも「人間には許せないことがある」という氣持ちはわかります。しかし、それでも、氣の滞りを持ち続けることはあまりに危険です。さらに大きな氣の滞りを生み出すことになりますし、周囲に伝播することもあります。とくに影響を受けやすいのは、未成熟な子どもたちや、精神的に不安定になっている人たちです。自分の身のまわりにいる大事な人たちを守るためにも、思いを手放すことが重要なのです。

そう話すと、若手経営者には思い当たることがあったようです。

「許せない」というこだわりを持ってから、人間関係のトラブルが増えていたのです。大事な社員が自分の元から離れていったのもその時期だったといいます。もちろん、一つ一つのトラブルには、それぞれの原因や理由があるのでしょう。しかし、それらの元凶は「許せない」という思いに執着したことだったと、このとき、氣づかれたのです。

氣の滞りが大きく育つように、「許せない」という思いが、無意識のうちに、他のことの許容範囲まで狭くしていたのでした。このやり取りをきっかけに「トラブルの原因を作り出していたのは自分かもしれない」という自覚を持ったといいます。その後、稽古を通じて、氣の滞りと向かい合うようになられました。

氣が滞ると、許容範囲が極端に狭くなり、些細なことまで許せなくなる。

これは実際、よくあることだと思います。厄介なのは、これが無意識で起こるという点です。その結果、本人はまったく自覚しないうちにどんどん滞りが大きくなったり、身のまわりの人たちに伝播していきます。これはたいへん恐ろしいことです。氣づくことができたら、できるだけ迅速に、心を静め、広くとらえることでリセットするしかありません。

たしかに、自分だけのことを考えれば「許せない」という思いを手放すことは難しいことでしょう。たとえそれで不調に陥ったとしても、自分の問題であれば「絶対に許せないのだから、仕方ない」と思うこともできます。

しかし、氣の滞りが伝播すると知ったらどうでしょう。

自分の許容範囲が狭くなることで、家族や周囲の大事な人たちにまで悪い影響が出るかもしれないのです。このことを理解すれば、「思いを手放す」という決断もしやすくなると思います。

もちろん簡単なことではありません。わたし自身にとってもこれは課題の一つです。それでも、氣の滞りがさまざまな不具合を生じさせる以上、真正面から向かい合う必要があると思っています。

生活のなかの「Ki Principles」

後半の対談でも述べましたが、本章でお伝えしてきた氣の働きは、英語で指導するときは「Ki Principles」と表現されます。Principles を日本語に直訳すれば「原理」ですが、この場合は「働き」の意味で使っています。Principles が複数形であることにお氣づきの方もおられるでしょう。これは氣の働きは一つではなく、無数にあることを示しています。本書の復習を兼ねて、そのなかでとくに重要な三つを、本章の最後にまとめたいと思います。英訳も併記します。

天地（自然）と一体であるとき、氣が通っている。
When you are one with the universe, Ki flows naturally.

氣が通っているとき、心を自在に使うことができる。
When Ki flows, you will naturally be able to use your mind freely and clearly.

氣を出せば、新たな氣が入ってくる。
When you extend Ki, new Ki will come naturally.

一つずつ、簡潔に解説します。

《天地（自然）と一体であるとき、氣が通っている》

相手を自分の思い通りにコントロールしようとすると、相手とぶつかってしまい、結果として相手を「導き動かす」ことはできません。これは「自分」と「相手」を分離してとらえることによって、生じるものです。

反対に、一体としてとらえていれば、相手とぶつかることなく、「導き動かす」ことができます。これが「Kiコミュニケーション」の基本です。

「一体になる」ことは「相手に合わせる」ことではありません。人は10人いれば10人とも、性格も考えていることも異なるものですから、すべての人に自分を合わせることなど不可能です。無理に相手に合わせようとすれば、狭くとらえることになり、かえって氣は滞ってしまいます。氣が滞れば、相手のことは理解できません。そうではなく、周囲とつながりを持つことによって氣を通わせれば、相手のことも正しく理解できます。

ちなみに、物を持つときも「氣が通っている」ことが大切です。

たとえば、稽古で用いる木剣です。剣をコントロールする意識が強いときは、「自分」と「剣」を分離してとらえています。すると、剣に氣が通わなくなるのです。剣と一体であるときに氣が通い、剣を自在に扱うことができます。これは剣に限りません。筆であっても、ゴルフクラブであっても同じです。

《氣が通っているとき、心を自在に使うことができる》

氣が通っているときは、心を向けるべき対象に自在に向けることができます。

氣が滞っているときは執着してしまい、心を向けられなくなります。

氣が滞ったことで、本来使うべきことに心を使えないという場面は、日常でもよくみられるものです。たとえば、嫌なことがあったあと、それがずっと氣になってしまい、目の前のことにまったく心が向かなくなる。誰もが経験していることだと思いますが、これがまさに「氣が滞っていることで、執着が生じ、心が向けられない」の一例です。

この状態を打破するには、まず、氣の滞りを解消することです。周囲とのつながりを取り戻すことで、氣の滞りは解消します。

《氣を出せば、新たな氣が入ってくる》

氣が滞っているとき、周囲との関わりを断つと、氣の滞りはさらに大きくなります。つらいことがあったとき、誰とも関わらず一人でふさぎ込んでいると、さらに調子が悪くなることがあります。これは氣が滞るからです。

氣の滞りを解消するには、氣を出すことです。氣を出すことによって、新たな氣が入ってきます。

精神的に自分がたいへんなとき、誰かのために行動したら、調子が戻ったという経験はありませんか。

これは「誰かのために行動する」こと自体が氣を出すことだから、起こるものです。氣を出したことで、新たな氣が補給され、元氣になる。つまり、利他もまた、氣の滞りを解消する具体的な方法なのです。

西成先生は「流れのあるところには必ず滞りがある」といわれました。

ものごとの部分をみて狭くとらえるのではなく、全体をみて広くとらえ、流れとして理解するとき、氣の滞りを解消することができるのです。

これこそ、本書でもっともお伝えしたかったことです。

おわりに

余談ですが、同じ理系出身とはいっても、西成先生は野球でいうところのプロ野球、わたしは少年野球であり、対談を通じて、「渋滞学」という専門分野の本質にどこまで迫れるかを心配していました。しかし、それはまったくの杞憂《きゆう》でした。

西成先生は渋滞という極めて複雑な事象を、誰もがわかる言葉で、とても身近な事例を挙げながら、平易に説明してくださいました。残念ながら本書では収録しきれなかったお話もたくさんあります。西成先生との対談は知的好奇心が刺激されて、時間が経つのが本当にあっという間でした。

そんな西成先生のお話で、とくに、わたしの心に深く残ったことが二つあります。

一つは「まずは広くとらえて、それから磨いていく」ことです。

これはものごとに取り組む基本姿勢ではないかと思います。いい換えれば、最初から狭くとらえてしまったら、磨くことはできないということです。

人材育成の観点からみれば、人をみるときも、まずは広くとらえることが重要だと思います。育成したいと思う側は「ここが課題」というところから入りがちですが、それでは相手が磨かれることはありません。相手の長所・短所ではなく、その人の性質を広くとらえ、良い方向に活かしていく。そうすれば、一緒に磨いていくことができます。つまり「万有を愛護する」ことに直結していると感じたのです。

もう一つは「悪魔のつぶやき」です。

「今さえ良ければいい」「ここさえ良ければいい」「自分さえ良ければいい」という三つは、ものごとを狭くとらえてしまう最大の原因そのものでした。とくに「利他」は、渋滞学が問いかける最大のテーマだと思います。

藤平光一は、盥《たらい》の水を例にとり、「自利と利他は同じものだ」と説きました。

盥に水を張って、その水を自分のほうに引き寄せると、盥の奥のほうへ逃げていってしまいます。反対に、その水を盥の奥のほうに差し出すと、今度は自分のほうに来ます。

つまり、自利と利他は表裏一体であり、根底でつながっているということです。

そして「出せば、入ってくる」の原則から、順番として、まずは利他を実践することが大事だと説きました。これを頭で理解するのは簡単ですが、身につけるのは並大抵のことではありません。おそらく一生をかけて、実践・検証していくことなのでしょう。

渋滞学は、科学的観点でこのことを実証しています。

世界は発展だけを求める時代から、持続可能な発展を求める時代になりました。また、自分の発展だけを求める時代から、ともに発展する時代になりました。新たな時代を歩んで行くためには、悪魔のつぶやきから脱却し、わたしたち一人一人が、広くとらえることが不可欠なのではないでしょうか。

本書の対談を通じて、わたしは「渋滞学」という学問こそ、新しい時代を切り拓いていくうえで、もっとも重要な学びの一つだと確信しました。西成先生のご著書はたくさんありますので、ぜひ手に取っていただきたいと思います。

本書を書き進めるにあたり、グロービス経営大学院大学教授の青井《あおい》博幸《ひろゆき》先生に、ビジネスの観点から多くの知見をいただきました。心から感謝を申し上げます。

青井先生は、ビジネスにおけるコミュニケーションの極意を「心が静まった状態で接することではないか」と考えておられるようです。たしかに一流のビジネスパーソンは、接する相手の状態をどこまで深く理解できているかが問われます。部下のスキルと意欲を正確に見抜くためには、上司は常に心を静めて接する必要があるのでしょう。

青井先生は、心身統一合氣道の有段者として熱心に稽古なさっています。青井先生が心身統一合氣道を学ぶ最大の理由は、心の状態が結果として身体（行動）にあらわれていることを、稽古を通じて、学び体得できるからだといわれます。

最後までお読みいただきましてありがとうございます。本書がみなさんのお役に立つことを心から願っております。

コミュニケーションの原点は「氣」にあり！

心や身体、人間関係や組織の〝滞り〟を解消する

著者　藤平信一

２０１９年10月25日　初版発行

藤平信一（とうへい・しんいち）
心身統一合氣道継承者。一般社団法人心身統一合氣道会会長。慶應義塾大学非常勤講師。
１９７３年東京都生まれ。東京工業大学生命理工学部卒業。父・藤平光一より心身統一合氣道を継承し、世界24カ国、約３万人の門下生に心身統一合氣道を指導、普及に務めている。米国・大リーグのロサンゼルス・ドジャースやサンディエゴ・パドレスの若手有望選手・コーチを指導するほか、経営者、リーダー、アスリート、アーティストなどを対象とした講習、講演会、企業研修などもおこなう。著書に『心と身体のパフォーマンスを最大化する「氣」の力』『「氣」が人を育てる』『「氣」の道場』（いずれもワニブックス［ＰＬＵＳ］新書）、『一流の人が学ぶ 氣の力』（講談社）、王貞治、広岡達朗との共著に『動じない。』（幻冬舎）などがある。

発行者　佐藤俊彦
発行所　株式会社ワニ・プラス
〒１５０－８４８２
東京都渋谷区恵比寿４－４－９　えびす大黒ビル７Ｆ
電話　０３－５４４９－２１７１（編集）

発売元　株式会社ワニブックス
〒１５０－８４８２
東京都渋谷区恵比寿４－４－９　えびす大黒ビル
電話　０３－５４４９－２７１１（代表）

装丁　橘田浩志（アティック）、柏原宗績
撮影　門馬央典
編集協力　古田　靖

印刷・製本所　大日本印刷株式会社

ISBN 978-4-8470-6156-1
ワニブックスＨＰ　https://www.wani.co.jp

ワニブックス［PLUS］新書

藤平信一「氣」のシリーズ、好評発売中！

「氣」が人を育てる

子どもや部下の能力を最大限に引き出す教育とは

昭和医療技術専門学校・山藤賢校長との対談で、国家試験合格率、就職率ほぼ１００％の教育現場を「氣」の観点から読み解く！

本氣の「場」をつくることがすべての教育の原点！

定価９００円＋税

ISBN978-4-8470-6131-8

「氣」の道場

一流経営者やリーダーはなぜ「氣」を学ぶのか

80歳から心身統一合氣道を始めた**ホリプロ創業者・堀威夫氏**との対談で経営者やリーダーが「氣」を学ぶ理由の核心に迫る！

人生１００年時代、長い人生を「氣を切らず」に生きる！

定価８８０円＋税

ISBN978-4-8470-6147-9